北京文化国际传播
实践路径研究

张耀军 著

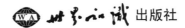 世界知识出版社

北京·2024

图书在版编目（CIP）数据

北京文化国际传播实践路径研究/张耀军著. -- 北京：世界知识出版社，2024.4
ISBN 978-7-5012-6706-4

Ⅰ.①北… Ⅱ.①张… Ⅲ.①文化传播—中外关系—研究—北京 Ⅳ.①G125

中国国家版本馆CIP数据核字（2024）第002777号

书　　名	**北京文化国际传播实践路径研究** Beijing Wenhua Guoji Chuanbo Shijian Lujing Yanjiu
作　　者	张耀军
责任编辑	刘　喆
责任出版	赵　玥
责任校对	陈可望
封面设计	小　月
出版发行	世界知识出版社
地址邮编	北京市东城区干面胡同51号（100010）
网　　址	www.ishizhi.cn
电　　话	010-65233645（市场部）
经　　销	新华书店
印　　刷	北京虎彩文化传播有限公司
开本印张	710毫米×1000毫米　1/16　$11\frac{1}{2}$ 印张
字　　数	135千字
版次印次	2024年4月第一版　2024年4月第一次印刷
标准书号	ISBN 978-7-5012-6706-4
定　　价	79.00元

从"辽上京"到"辽南京",路远情长,感恩相伴

谨以此书献给我的父亲张宪廷、母亲麻振英

前　言

当今世界，国家之间文化软实力之争日趋激烈，这种竞争也日益集中体现在各国城市之间。城市尤其是世界大城市之间的软实力竞争，日益成为当代世界运行的重要表现形式，[①] 文化软实力则日益成为一座城市走向世界的突出标志。北京文化传统深远，文化资源宏富，文化精神博大，在数千年的历史发展进程中，不断传承、弘扬、创造并丰富着北京和中国的历史文化。[②] 根据 2020 年 4 月发布的《中共北京市委关于新时代繁荣兴盛首都文化的意见》，北京要做推动中华文化走出去，建设展示大国文化自信的首要窗口。作为千年古都和历史文化名城，加强北京文化国际传播是北京建设国际交往中心、提升城市国际化水平的重要步骤和内在需要。

目前，北京文化国际传播取得重要进展，但尚有巨大潜力可

---

① 北京市文化发展中心编《文化北京——北京文化中心建设课题研究（总报告）》，新华出版社，2015，第 148 页。

② 李建盛：《北京文化 60 年（1949—2009）》，北京大学出版社，2010，第 1 页。

挖。加强战略谋划与要素投入，打造北京文化国际传播的"北京形象""北京符号""北京话语""北京品牌""北京故事"，将有助于促进北京城市文化建设，为北京发展提供文化动力和拓展文化空间；有助于将北京千年古都的历史积淀转换成为提升自身文化影响的内在动力，为地方文化走出去积累北京经验；有助于推动北京在世界城市文化发展坐标上的位置不断前移，彰显经济全球化背景下北京文化独特的本土性、标志性，提升北京城市国际形象，进一步打造全球文明交流互鉴的中心城市和全球人文治理的引领型城市；有助于从北京文化、中华文化中寻找人类共同价值的阐释资源，为新时代讲好北京故事和中国故事，增强国家文化软实力，更好展现真实、立体、全面的中国提供理念共识。

本书以城市文化外交为思维引领，以跨文化传播为逻辑主线，着眼国际文化传播与国际政治之间的紧密关系，①坚持高点定位下的问题导向研究思路，通过深入洞悉北京文化国际传播进程中基础性、全局性、长期性问题，提出具有前瞻性、针对性、可操作性的对策建议，从总体上为北京文化、中国理念走出去提供实践路径和智力支撑，力图打造结构严谨、视角多元、材料翔实可靠、论证理性客观的专题性研究成果。

---

① 国际文化传播与国际政治关系密切，两者同处国际社会系统，同属国际关系范畴。国际文化传播行为主体相较国际政治而言更为广泛多元，所有的国际文化传播都带有一定的政治倾向性，因而对国际政治构成影响，反过来也受国际政治制约。参见：刘利群、张毓强主编《国际传播概论》，中国传媒大学出版社，2011，第16、34页。

目 录

从文明交流互鉴视角看北京文化内涵

　　文化是一个易于感知却难以界定的概念。尽管如此，中外思想史对于文化的理解均涉及人与社会的关系以及人的存在方式。[①] 概括而言，文化是一定人群在长期交往中形成的共享价值、规范、信仰和态度，是人群共有的意义系统和网络，是人所创造的生活方式和社会精神。[②] 作为人类"生活的样法"，[③] 文化成为人群行为、思想和情感的遵循模式以及共同活动和相互依赖的重要纽带。文化既是一个国家和民族内在的精神基因和外在的文明标识，也是一个国家和民族根本的精神依托和价值源泉。对于一座城市而言，文化则是反映城市内涵特质的基因标识和体现城市竞争力的核心资源，是人类在长期城市生活中形成的独具特色的价值观念、风俗习惯、精神品格和行为规范等。一个国家、一座城市的影响力，归根结底取决于文化的魅力和影响力。

---

　　① 孙英春：《跨文化传播学》，北京大学出版社，2015，第41页。
　　② 秦亚青：《权力·制度·文化——国际关系理论与方法研究文集》，北京大学出版社，2016，第147页。
　　③ 梁漱溟：《梁漱溟全集》第1卷，山东人民出版社，1989，第352页。

城市作为重要的次国家行为体，在近现代工业化和信息化飞速发展的推动下，日益成为全球化发展的重要动力和"流动社会"的连接载体，在国际交往中愈益彰显出城市外交的主体性和主动性。北京作为全国政治中心、文化中心、国际交往中心和科技创新中心，汇聚了丰富的外事资源、文化资源、科技创新资源和大型企业资源，外事底蕴深厚，文化资源共享，环境开放包容，在推动文化走出去、发挥城市文化外交支撑中华文化软实力提升方面责无旁贷，承担着重要的历史使命。

了解北京文化内涵是推动北京文化走出去的前提基础和必要条件。按照北京文化研究专家阎崇年先生的看法，中华文明是由中原农耕文化、西北草原文化、东北森林文化、西部高原文化、沿海暨岛屿海洋文化组成，而自元大都以来，北京是中华文明农耕、草原、森林、高原、海洋五种文化的中心。[1] 本书从跨文化国际传播和中外文明交流互鉴的视角出发，认为北京文化具有如下特征。

一、北京文化是具有鲜明地域特色的中华文化

北京是一座有着 3000 多年建城史、800 多年正式建都史的城市，作为中华文化乃至人类文明[2]的重要发祥地之一，拥有丰富的历史文化资源、自然地理资源和非物质文化遗产资源等。北京文化产生于中华文化多元一体的发展格局之中，是多元文明融汇创新的典范之作，在长期发展中形成了自己特有的、系统完整

---

[1] 阎崇年：《北京文化史》，北京出版社，2021，第3—4页。
[2] 同上书，第7页。

的文化形态，是具有鲜明地域特色的中华文化。作为中国历史上连续定都时间最长的古都之一，北京由隋唐以前相对中原文明而言的"边缘性存在"，①历经辽、金、元、明、清而逐渐跻身成为全国的文化和政治中心，成为继长安之后中国历史上又一个光彩夺目的中外文化交流中心。在此过程中，北京文化见证了源远流长、博大精深的中华文明之光，其所展示的包容自信、敦厚大度、家国情怀、仁爱民本的价值底色，蕴含着中华民族深沉的文化积淀和人文情怀，是名副其实的中华文明"金名片"。具体来说，大运河文化带、长城文化带、西山永定河文化带承载着北京"刚柔并济、山水相依"的自然文化资源和人文历史底蕴，是北京历史文化乃至中华文明的精髓和象征。②多年来，在来华人员特别是留学生眼中，北京是最能代表中国形象的城市，北京文化也是最具中国特色的文化。③

二、北京文化具有开放包容的突出价值内涵

历史上，北京文化是中原农耕与草原游牧等多种文化的结合；近现代，北京文化则是国家首都文化、传统古都文化、历史名城文化、现代创新文化和特色京味文化的荟萃。④北京文化既有传统的皇城官家文化和胡同市井文化，也有现代的商业文化、

---

① 王建伟主编《北京文化史》，人民出版社，2014，第385页。
② 北京市习近平新时代中国特色社会主义思想研究中心：《以科学思维方法引领北京文化带建设》，《前线》2018年第8期，第81页。
③ 李春雨、陈婕：《北京文化与汉语国际推广》，《北京师范大学学报（社会科学版）》2007年第6期，第113页。
④ 可参见沈湘平、杨志主编，由中国社会科学出版社2019年出版的"首都文化研究丛书"。

科技创新文化以及奥林匹克体育文化。传统文化与现代文明交相辉映，历史文脉与时尚创意相得益彰，具有高度包容性和亲和力，充满人文关怀、人文风采和文化魅力正是古都北京徐徐展现给世人的迷人风貌。而任何文化都可以分为器物文化、制度文化和观念文化三个层面，它们组成相互依存、逐步深化的复杂体系结构。观念层面的北京文化具有开放性、包容性、多元性等价值内涵，对异质文化兼收并蓄是其最为突出的特点。正如阎崇年先生所说，北京精神的包容，表现尤为突出。北京从方国都城，经北方重镇，到北国政治中心，再到全国政治中心，这一历程最显著的特点便是包容。在全国都市中，北京是一个典型的海纳百川、有容乃大的都市。① 从近代史的视角看，北京的开放包容使其能够对域外世界产生持久吸引力，推动中外文化交流重心逐渐转向北京，日益成为西方最为重视的中国城市，并留下诸多历史记录。②

三、北京文化长期处于中外文明交流互鉴的前沿地带

作为东西方文明相遇和交融的国际化大都市，北京长时间处在中外文化交流的核心地位，与世界很多城市有着十分广泛的人文沟通交往。据阎崇年先生统计，目前全球范围用英、法、德、意、葡、西、荷、俄、拉丁等文撰写的与北京相关的著述有 500 种以上，用日、朝、越、泰等亚洲文字撰写的著述总计有 5000

---

① 阎崇年：《知行北京精神》，《北京观察》2012 年第 1 期，第 9 页。
② 欧阳哲生：《古代北京与西方文明》，北京大学出版社，2018，第 53 页。

多种。① 不同时期的北京在域外记述中呈现不同的特点，折射出记述者各自的想象、感知方式以及心绪。② 从出土文物看，早在魏晋时期，北京地区就已与萨珊王朝（即波斯第二帝国）有着交往。辽南京时期，北京多元文化融合，现存天宁寺、大觉寺是当时佛教盛行的象征，牛街清真寺则是中国建筑风格与伊斯兰建筑特色相结合的实例。

北京作为地理名称出现在西文文献中可追溯到元代。③ 自元代以来，北京就成为西方不断书写的对象。元代对外文化政策开放度较高，以当时世界上最大的城市——元大都为中心的站赤（驿站）制度空前发展。④ 欧洲、非洲、中亚、西亚、南亚以及日本、朝鲜等地的传教士、外交使节、学者、医生、建筑师、旅行家和艺术家等纷至沓来，北京的城市文化、风土人情和建筑园林等成为他们游历、记录的对象。大食人亦黑迭儿丁为大都城的建造贡献了才华；意大利教士约翰·孟德高维诺在大都建立教堂，并用蒙古文翻译《圣经》；北京的会同馆与国子监则留下了域外贡使和留学生的足迹；⑤ 波斯天文学家札马鲁丁将天文仪器和伊斯兰教历（旧称"回历"）带到大都。特别是始建于元代至元八年（1271 年）的白塔寺，由尼泊尔工匠阿尼哥设计并主

---

① 阎崇年：《北京文化史》，北京出版社，2021，第 4 页。

② 陈金星：《林语堂与西方"北京形象"话语的互动》，《武汉科技大学学报（社会科学版）》2016 年第 5 期，第 576—580 页。

③ 欧阳哲生：《古代北京与西方文明》，北京大学出版社，2018，第 34 页。

④ 高福美：《"不求而自至，不集而自萃"》，《北京日报》2023 年 2 月 27 日，第 10 版。

⑤ 阎崇年：《北京文化遗产与现代都市建设》，《北京社会科学》1990 年第 3 期，第 50 页。

持建造，历经 700 余年风雨而依然巍然屹立，成为今天中尼友好的象征。北京更是见证了马可·波罗访问元大都的历史，《马可波罗行纪》作为第一部较为详细介绍中国、着重介绍元大都的著作，展示了北京作为中西文化传播和交流的前沿地带，开辟了中西文化交流和沟通的崭新时代。① 元末到过中国的摩洛哥旅行家在《伊本·白图泰游记》一书中也对元大都进行了生动描述，并为中非文化交往留下了珍贵资料。②

明朝时期，欧洲近代文明兴起，西方文化东渐。如果说北京在元代通过旅游行纪进入欧洲视野，但仅停留在一般简单描述的情形之上，那么对北京的深入研究则是在 17 世纪以后。③ 据统计，明代（特别是晚明）共有意大利、葡萄牙、德国、法国和西班牙等国的 18 位耶稣会士来到北京。④ 这些传教士集传教、商

---

① 阎崇年：《北京文化史》，北京出版社，2021，第 135 页；郭万超、王丽：《北京加强"一带一路"对外文化传播路径研究》，《科技智囊》2018 年第 4 期，第 59 页。

② 阎崇年：《北京文化史》，北京出版社，2021，第 135 页。

③ 欧阳哲生：《古代北京与西方文明》，北京大学出版社，2018，第 47 页。

④ 意大利有利玛窦、郭居静、龙华民、艾儒略、罗雅各、毕方济，葡萄牙有李玛诺、费奇规、阳玛诺、傅汎济、陆若汉，德国有邓玉函、汤若望、万密克、熊三拔，法国有金尼阁、方德旺，西班牙有庞迪我。参见：阎崇年《北京文化史》，北京出版社，2021，第 182 页；高寿仙《中西文化交流的珍贵遗存和重要见证——读〈春秋石铭：北京栅栏墓地历史及现存碑文考〉》，《光明日报》2021 年 3 月 22 日，第 14 版；欧阳哲生《古代北京与西方文明》，北京大学出版社，2018，第 563—593 页。

贸、汉学研究和外交于一身，在中西交往中扮演着关键角色。①
最早将儒学系统介绍给西方的便是传教士，西方汉学的兴起与此
直接相关。②利玛窦作为西方对华最早传教的开拓者之一，在向
中国传播天主教义和人文主义，介绍西方的数学、地理、天文、
化学、医学、测绘、绘画、音乐、机械制造等科技知识的同时，
也向西方详尽介绍了中国文化的独特内涵和北京城市的文化底
蕴，对促进中西方文化交流和文明互通发挥了重要的推动作用。
此外，《明史·外国传》记述了当时与92个国家或地区的朝聘
和交往情况。③北京在明代还设有四夷馆，专门培养缅甸语、梵
语等语种的翻译人才，以备对外交流时从事翻译工作。④

　　及至清代，欧洲在京耶稣会士人数不断增多，仅法国一国先
后共有55位耶稣会士来华，成为欧洲耶稣会士的主要群体，葡
萄牙、意大利、西班牙、荷兰、比利时、瑞士、波兰、捷克等其
他国家另有耶稣会士共60多位。⑤这些耶稣会士在北京参与修订

---

　　①　学界对西方传教士历史作用评价不一。如文化帝国主义理论认为，西方传教
士对非西方世界的"文化教化"呈现了帝国主义作为"一个多方面的文化进程"的
本质，其实质在于以经济实力为后盾，通过文化市场的扩张实现全球性文化支配的目
的，其后果在于破坏非西方社会的文化传统，削弱了这些国家对本土文化的认同。美
国历史学家小阿瑟·施莱辛格（Arthur Schlesinger, Jr.）因此将19世纪的美国海外传
教使团视为一种文化帝国主义活动，认为他们的行为反映了对其他文化"有目的的
侵犯"。参见：王晓德《"文化帝国主义"命题源流考》，《学海》2009年第2期，第
28—37页。
　　②　左芙蓉：《北京对外文化交流史》，四川出版集团巴蜀书社，2008，第88—
101页。
　　③　阎崇年：《北京文化史》，北京出版社，2021，第16页。
　　④　高福美：《"不求而自至，不集而自萃"》，《北京日报》2023年2月27日，
第10版。
　　⑤　阎崇年：《北京文化史》，北京出版社，2021，第248页。

历法、制作仪器、测绘地图、编纂册籍、兴建园林，极大丰富了京师文化，并留下大量融通中西的文物。他们中的一些人还学会满语、满文，兼通汉语、汉文，并不断将儒家经典译成西文，①将亲身经历的"北京经验"以笔记、日记、书信、回忆录、考察报告、旅行札记等多种文体形式记录下来，出版了《中华帝国全志》《中国丛刊》《北京志》等包含大量有关北京政情、社会习俗的介绍和研究的书籍。这些以北京为舞台的中西文化交流活动，将当时的中国及其首都北京的文化传播到了欧美等地，成为域外世界想象北京的素材，构成西方"北京形象"的历史素材源泉。②

现如今，北京拥有 7 处联合国教科文组织认定的世界文化遗产，是全球拥有世界文化遗产最多的城市之一。包括万里长城北京段、京杭大运河北京段、周口店北京人遗址、明代皇家陵寝十三陵、清代皇家园林颐和园、明清皇家宫殿北京故宫、明清皇家祭坛北京天坛等在内的文化遗产折射着北京文化多元并存、中西并陈的特点，是千年古都文脉得以活态延续的载体，也是北京屹立于世界城市之林的独特文化标识。北京以其宽广胸怀和开放心态，融合、汇聚着世界各地不同国度、不同民族、不同区域的文化和文明，促进世界各国之间的和平合作、开放包容、互学互鉴和互利共赢，形成了北京多元包容、和谐共赢的对外文化格局。

---

① 阎崇年：《北京文化遗产与现代都市建设》，《北京社会科学》1990 年第 3 期，第 50 页。

② 欧阳哲生：《古代北京与西方文明》，北京大学出版社，2018，第 1 页。

四、北京文化日益成为弘扬中华文明和引领时代潮流的世界文脉标志

与纽约、伦敦、巴黎、东京等其他国际大都市相比，北京有着独具特色的精神气质、审美情趣和文化气息。① 根据北京城市总体规划，2035 年首都北京将成为彰显文化自信与多元包容魅力的世界文化名城；2050 年将成为弘扬中华文明和引领时代潮流的世界文脉标志。近年来，北京积极实施中华优秀传统文化传承发展工程，大力推进故宫、天坛、颐和园、周口店遗址等世界文化遗产的保护，推进中轴线申遗和老城复兴，推进胡同和四合院、会馆、名人故居等历史建筑的保护利用。同时，在"一核一城三带两区"（即以培育和弘扬社会主义核心价值观为引领，以历史文化名城保护为根基，以大运河文化带、长城文化带、西山永定河文化带为抓手，推动公共文化服务体系示范区和文化创意产业发展引领区建设）的引领下，统筹推进大运河文化带、长城文化带、西山永定河文化带的保护建设，着力构建历史文脉与生态环境相互交融的城市风貌。作为国家民族文化和世界城市文化的代表，发挥北京文化引领、示范、凝聚、组织和带动的巨大能量，将有助于彰显北京多元包容的文化自信，展示北京标识国家形象的价值魅力，推动将北京建设成为全球文明交流互鉴的中心城市和全球人文治理的引领城市。

---

① 狄涛：《关于首都文化的哲学思考》，《前线》2018 年第 1 期，第 83 页。

第一章
北京文化国际传播取得的进展及面临的挑战

第一节　取得的进展

近年来，立足于建设全国文化中心、国际交往中心的城市功能定位，以促进中华文化软实力提升为目标，北京文化国际传播投入力度较大、参与人数众多，文化走出去覆盖面不断扩大、影响力不断提升、品牌力不断加强。北京同国际友好城市的交流合作积累了比较丰富的经验，城市文化外交体系不断充实完善，国际影响力和话语权稳步提升。通过向海外持续输出北京文化理念、品牌、模式、产品和服务，并以辐射全国的核心竞争力参与全球文化格局的激烈竞争，北京文化正在塑造平缓开阔、壮美有序、古今交融、庄重大气的北京城市形象，全方位展示中华文明的文化自信和文化软实力，推动北京向世界文化名城、世界文脉标志的目标迈进。

一、规划设计日趋完善

根据 2017 年 9 月发布并实施的《北京城市总体规划（2016

年—2035 年）》，北京要优化 9 类国际交往功能的空间布局，包括重大外交外事活动区、国际会议会展区、国际体育文化交流区、外国驻华使馆区、国际科技文化交流区、国际旅游区、国际组织集聚区等。在此基础上，北京将建设成为彰显文化自信与多元包容魅力的世界文化名城（2035 年）和弘扬中华文明和引领时代潮流的世界文脉标志（2050 年）。这为北京文化国际传播提供了战略指引。

2021 年 12 月，《北京市推进"一带一路"高质量发展行动计划（2021—2025 年）》正式发布。该行动计划提出未来 5 年的 89 项任务清单，北京将以创新、数字、绿色、健康丝绸之路建设为重点，打造国际交往、科技合作、经贸投资、人文交流、综合服务五大功能平台，成为推动"一带一路"高标准建设的试验示范。① 其中，人文交流作为五大功能平台之一，将为共建行动实现更高水平合作、更高投入效益、更高供给质量、更高发展韧性提供人文支撑。此前，北京市推进"一带一路"建设工作领导小组于 2018 年 10 月发布《北京市推进共建"一带一路"三年行动计划（2018—2020 年）》，提出北京要深化拓展人文交流平台，成为展示中华文化的重要窗口和荟萃世界文化的重要舞台，明显增强首都文化软实力和国际影响力。上述行动计划为北京文化借助"一带一路"倡议进行国际传播提供了重要遵循。为落实相关行动计划，早在 2017 年 8 月，北京便在全国率先设立北京市"一带一路"国家人才培养基地项目，重点支持共建

---

① 曹政：《推进"一带一路"高质量发展五年行动计划出炉——北京将打造丝路创新合作枢纽》，《北京日报》2021 年 12 月 19 日，第 1 版。

"一带一路"国家高端人才、教育管理专门人才、高端技术技能人才来京学习，积极推动与共建国家实现教育领域共赢共享发展。该项目也是全国首个落地的培养基地项目，并计划在未来陆续建成多个北京市"一带一路"国家人才培养基地。

在文化产业发展方面，2018年6月，北京市印发的《关于推进文化创意产业创新发展的意见》，旨在加快文化产业转型升级，构建高精尖文化产业体系，拓展国际文化市场，建设具有国际竞争力的创新创意城市。2020年1月，《北京市文化产业高质量发展三年行动计划（2020—2022年）》印发，提出重点发展"文化+"新业态、新产品、新模式，突出高端性、前沿性、高效性的高质量发展特征，加快推动文化与相关领域融合发展。2020年9月，北京市发布《关于加快国家文化产业创新实验区核心区高质量发展的若干措施》，从激发文化活力、优化空间承载、构建文化生态、扩大开放融通4个方面，出台18条政策，进一步健全国家相关部委和北京市工作联动机制，明确国家文创实验区下一步发展方向，辐射带动全市文化产业高质量发展，加快全国文化中心建设。该措施特别强调要推进应用场景建设，将区块链、5G、人工智能、大数据、超高清等新科技用于文化产业。2021年11月，《北京经济技术开发区"十四五"时期文化发展规划》发布，根据该发展规划，"十四五"期间，北京经开区将构建系统完整、互为支撑的文化发展生态，着力建设社会主义先进文化示范区、全国创新文化先导区、全国科文融合产业样板区、国际一流公共文化服务活力区、对外文化交流前沿区等"五个特色区"。作为北京建设国际科技创新中心主平台和北京高精尖产业主阵地，经开区具有以新一代信息技术为代表的高精尖产业集聚优势，将加快构建高精尖文化产业体系，文化产业规模力争到 2025 年末突破千亿元。

针对北京市拥有 7 处世界文化遗产，近年来，北京市各级世界遗产管理机构相继制定《周口店北京人遗址保护总体规划》《故宫保护总体规划大纲》《北京市大运河文化带保护建设规划》《天坛总体规划（2018—2035）》《北京历史文化名城保护条例》《三山五园地区整体保护规划（2019 年—2035 年）》《北京中轴线文化遗产保护条例》《北京中轴线保护管理规划（2022 年—2035 年）》等，为科学合理的世界遗产保护提供了行动依据。① 此外，2019 年 6 月，《北京市非物质文化遗产条例》开始实施，为推动具有北京特色的非遗保护工作可持续开展奠定了坚实、科学的法律保障基础。

在城市语言服务方面，北京于 2003 年颁布《北京市民讲外语活动规划（2003—2008）》，2006 年开始制定《公共场所中文标识英文译写规范》，覆盖交通、文化旅游、体育、商业金融、教育、邮政电信、餐饮住宿、组织机构等多个领域的外语地方标识体系，促进规范外语标识的设置和管理。2011 年，《首都国际语言环境建设工作规划（2011—2015）》颁布，该规划既明确了首都国际语言环境建设的指导思想和总体目标，也制定出每一阶段的具体任务和量化指标，并为实现各项指标作出了相应

---

① 陈昱霖、刘雁琪、刘俊清：《文化规划视角下北京世界文化遗产保护管理研究》，《自然与文化遗产研究》2019 年第 8 期，第 9 页。

的部署。① 2020 年 7 月,《北京市公共场所外语标识管理规定》正式实施。2021 年 11 月,《北京市国际交往语言环境建设条例》通过,这是中国国内关于国际交往语言环境建设的首部地方性法规。有关规划和条例对于提升城市国际化服务水平,创建有利于对外交流交往的语言环境,促进北京高水平开放和高质量发展具有重要意义。

缔结友好城市是地方政府和城市对外交往进程中历史最为悠久、最为主流的形式,也是中国公共外交和民间外交的重要载体。截至 2019 年 11 月,北京已经与全球 51 个国家的 56 个城市缔结友城关系,可以说友城遍布五大洲,并与 60 多个共建"一带一路"国家的 100 多个城市签订文化交流协定。随着规划设计的不断完善,北京文化国际人文交流路线图日渐清晰,对外交往驶入快车道;北京文化国际影响力进一步提升,并获得了稳定的制度预期保障。

二、交流品牌日渐形成

人文交流品牌是提升一个国家、一座城市文化软实力的重要手段。北京有着丰厚的历史文化底蕴和优越的自然人文旅游资源,经过持续不断努力,已经形成一批具有北京特色、国际影响的标志性人文交流品牌,北京文化品牌的国际传播力和吸引力显著提升。

---

① 刘敏:《首都国际语言环境建设的实践与思考——以世界城市建设为视角》,《北京行政学院学报》2013 年第 2 期,第 97 页。

北京国际图书博览会是一项创办 30 多年的展览活动。2020年 9 月，北京国际图书博览会因新冠疫情暴发首次移师线上，吸引多达 97 个国家和地区的约 1400 家展商线上注册，展示 3.8 万余种中外版权图书、30 多万种实物贸易图书。值得一提的是，参展国家和地区数超过往年。其中，共建"一带一路"国家和地区达 31 个；新展商数量达 200 家，国际出版企业 50 强中有 25家注册参展；达成各类版权输出与合作出版意向和协议 4395 项，同比增长 14.45%；达成引进意向和协议 2393 项，同比增长10.99%。①

中国北京国际文化创意产业博览会（以下简称"北京文博会"）创办于 2006 年，经过多年的培育和提升，已经成为对内增强文化自信、对外展示国家形象的重要平台，成为中国文化创意产业国家级国际交流合作的标志性平台。自 2019 年起，北京文博会正式纳入中国国际服务贸易交易会（以下简称"服贸会"）。服贸会是全球首个服务贸易领域综合性展会，由中华人民共和国商务部和北京市人民政府共同举办。2020 年服贸会的主题是"全球服务，互惠共享"；2021 年服贸会的主题是"数字开启未来，服务促进发展"。北京文化创意大赛则通过主动"请进来、走出去"，为海外优秀创业者搭建起一座了解、参与北京文创产业的桥梁，为国内优秀项目开辟了出征海外并参与国际市场竞争的有效渠道，也为探索中外文化企业的合作和交流积累了一定经验，建立起一个实现中外文明交流对话的良好模式。国家

---

① 张贺：《第二十七届北京国际图书博览会版权贸易创新高》，《人民日报》2020 年 10 月 1 日，第 4 版。

文化产业创新实验区是全国唯一的文化产业创新实验区，成立以来，培育了一批国家文化出口重点企业和重点项目，成为中国文化企业最为聚集的区域，亦成为北京推进全国文化中心建设的新名片和引领全国文化产业创新发展的试验田。

联合国教科文组织创意城市北京峰会连续在北京召开三届（2013 年、2016 年、2020 年）。峰会围绕文化创意和科技创新赋能城市发展，利用科技和设计推进基于新基建的应用场景开拓、加强城市间合作、提高城市治理效能等系列议题展开研讨，有助于提升北京文化创意、科技创新国际影响力。

中国北京国际语言文化博览会于 2017 年 9 月首次举办，通过展览展示、论坛会议等活动，集聚国内外语言文化的前沿思想和理念、高端技术和产品，是北京搭建中外语言文化信息交流、企业宣传、产品推广和项目合作的重要平台。

北京于 2018 年开始实施"北京入境旅游全球战略合作伙伴计划"，用 3 年时间招募 100 家海外和境外知名旅行商成为战略合作伙伴，拓展北京的海外和境外宣传渠道，推广北京文化旅游资源，助力北京国际交往中心建设。

国际文化产业园区发展联盟于 2019 年成立，由英国、德国、荷兰、韩国、意大利以及中国北京、上海等地的 20 个文化产业园区倡议发起，通过建立全方位、多渠道的友好合作网络，促进国内外文化产业园区在项目资源、文创技术、产业研究、智库服务、政策解析、成果推介等方面建立可持续的合作关系，扩大了北京在文化产业领域的海外"朋友圈"。

2021 年 10 月，由国家文物局、北京市人民政府共同主办的亚洲文化遗产保护对话会在北京开幕。对话会以"增进文明对话、共塑亚洲未来"为主题，联合国教科文组织副总干事等 5 个国际组织的代表，亚洲 36 个国家的 20 位文化部部长、19 位驻华使节等以线上方式参会，共同探讨持续推进亚洲文化遗产保护行动。

2021 年 10 月，世界运河文化对话会在北京召开。德国等世界运河国家代表、中国京杭大运河沿线文化领域的知名专家学者、优秀文化创意企业品牌代表、非遗传承人代表等共同研讨运河的保护传承与利用，加强国际运河文明交流互鉴。

2021 年 11 月，首届中国网络文明大会在北京国家会议中心举办。大会由中央网信办、中央文明办和中共北京市委、北京市人民政府共同主办，定位于打造中国网络文明的理念宣介平台、经验交流平台、成果展示平台和国际网络文明互鉴平台。

2023 年 9 月，2023 北京文化论坛在北京开幕。论坛以"传承优秀文化，促进交流合作"为年度主题，由中共中央宣传部和中共北京市委、北京市人民政府共同主办。习近平主席向论坛致贺信，指出："北京历史悠久，文脉绵长，是中华文明连续性、创新性、统一性、包容性、和平性的有力见证。中国将更好发挥北京作为历史古都和全国文化中心的优势，加强同全球各地的文化交流，共同推动文化繁荣发展、文化遗产保护、文明交流互鉴，践行全球文明倡议，为推动构建人类命运共同体注入深厚持久的文化力量。"①

---

① 《习近平向 2023 北京文化论坛致贺信》，新华网，2023 年 9 月 14 日，http://www.news.cn/2023-09/14/c_1129862318.htm，访问日期：2023 年 5 月 15 日。

文艺作为北京形象的闪亮名片，正以"接地气"的国际文化交流与传播形式向世界展示北京兼容并蓄的人文气质。"欢乐春节·魅力北京"、北京国际电影节、北京国际设计周、北京国际音乐节、北京国际戏剧·舞蹈演出季、北京优秀影视剧海外展播季、北京国际书法双年展、北京国际青年戏剧节、中国北京国际魔术大会、北京电视节目交易会等品牌文化活动和交流平台影响力日趋增强。以北京优秀影视剧海外展播季为例，自 2014 年举办至今，已覆盖欧洲、亚洲、非洲、美洲等地区，展映了数百部影视精品。例如，在巴基斯坦等国家，电视台会定期播出具有北京特色的电视节目，有力推动了北京与全球各地的人文交流互动。

总体来看，北京文化国际人文交流合作领域广泛，亮点纷呈，在与相关国家互办文化节、旅游节、艺术节、研讨会、图书展、智库对话等多项交流中拉近民心距离。一方面，深化各领域人文合作，凝聚共识和情感，推进不同国家、不同地区、不同文明之间的交流互鉴，为北京对外友好交往夯实民意基础，筑牢社会根基；另一方面，与相关国家在人才培养、作品创投、版权合作、联合出版、资本合作、项目评估等方面的创新合作，持续推动了北京文化国际人文交流合作，为民众友好交往和商贸往来带来了机遇。

三、理论支撑日益巩固

北京作为国家首都，是党的重大理论创新的策源地、哲学社会科学前沿思想的发端地、各种观点思潮激荡的交汇地。作为具有完整总体规划的古老城市，北京独特的历史地位和丰富的文化内涵，决定了其独特的研究价值。近年来，从长时段的视角研究北京城市发展问题逐渐成为学术界关注的热点，"北京学"研究方兴未艾。学者们从不同领域、不同角度关注北京城市发展变迁，深入探讨北京城市发展的本质内涵及其外延，聚焦城市化过程中出现的实际问题，如从智慧城市建设角度看未来城市发展的可能性等，相关研究梯队逐渐形成，研究层次不断提升，研究视域、研究方法等理论问题也逐步推进。

根据建构主义观点，行为主体之间的身份认知包括"自我"和"他者"两个维度。① 这种自我认知与他者认知的复合建构具有多元、多维、多态的复杂特征，对自我的认知往往在与他者的交流互动中形成，自我与他者之间的张力、矛盾可以成为双方相互学习、改变和交融的契机。② 北京学界在研究自我的同时，也加大了对交往国家的国情和历史文化的调查研究，并在此基础上进行相应的理论分析，为北京文化国际传播打下一定的传播和理论基础。同时，也要认识到，从学术支撑的视角看，相对于北京在中西文化交流史上的历史地位，现如今对北京与外来文化关系以及北京文化如何进行国际传播的研究还略显薄弱；相对于北京在当今世界城市发展中的现实影响，还需要把北京与纽约、伦敦、巴黎、东京等重要国际城市进行比较研究，总结其在城市国

---

① 玛丽亚·切亚拉·赞尼尼、吉姆·托马斯·威廉姆·斯图曼、计奕：《"一带一路"倡议：致力于打造文化认同的一项宏伟社会工程》，《欧洲研究》2015年第6期，第10页。

② 郑鑫：《一部引人深思的中西文化交流史新作——读欧阳哲生著〈古代北京与西方文明〉有感》，《中国图书评论》2020年第5期，第116页。

际形象规划、设计、治理等方面的经验做法，为北京文化国际传播提供借鉴。

第二节　面临的挑战

一、国际层面：逆全球化思潮引发对外人文交流受阻

2008 年全球金融危机之前，美欧对于自身文化的世界统治地位一度十分自信。自地理大发现以来，特别是 19 世纪欧洲开启全面工业化以来，东西方实力差距急剧扩大，东方与西方不再构成政治、经济、文化意义上的对等实体，两者之间关系演变成为一种权力关系、支配关系、霸权关系，"东方主义"成为西方藐视东方文化、虚构东方文化的一种带有偏见的认知体系。[①] 此后的世界史多以西方中心的视角书写，包括中国在内的东方国家都是"被书写对象"，现代与传统、文明与野蛮的二元对立叙事模式不断得以强化，而在典型的美式价值观中，美国之外的世界都被称为"世界其他地方"（the rest of the world）。全球发展的重大议题和解决方案多由西方提出并主导，国际文化秩序的定义权和文化输出的主导权始终掌握在美欧国家手中，国际传播中的

---

① 爱德华·萨义德：《东方学》，王宇根译，生活·读书·新知三联书店，1999，第 4—8 页。当然，也有学者认为，西方历史上的"东方主义"多面而复杂，既有否定的"东方主义"，也有肯定的"东方主义"，如西方仰慕、憧憬东方，甚至将东方想象成幸福和智慧的乐园。参见：孙英春《跨文化传播学》，北京大学出版社，2015，第 436 页。

媒介议程设置①通常由西方国家及其大型跨国传媒集团把持。通过控制全球信息市场，主导国际传播信息流，国际关系理念长期以西方价值观为主流导向得以维系，作为当今世界主流强势文化的美欧文化在文化价值、思想理念、生活方式等方面长期处于占优位置。西方地域性文化和知识的全球化，成为西方文化霸权主义最为直观的体现，全球人文交流很大程度上依然更多地呈现由西向东、由北向南的单向流动之势，全球文化等差格局持续显现。

但自2008年全球金融危机以来，受危机久拖不决、自身社会人口结构深刻变化、外来移民异域文化持续性输入，以及新兴发展中国家群体性崛起等内外因素冲击和影响，美欧国内政治、社会、文化和身份认同等出现裂痕，自身价值观念出现摇摆，美国的种族"大熔炉"向文化"马赛克"演变，欧洲的"多元文化主义"正在让位于"身份认同主义"。民众对原有支柱性社会信念提出质疑，美欧民主体制和自由主义意识形态出现一定程度危机，身份族群政治盛行，文化虚无现象加重，反移民、反建制、反精英、反传统政党、反伊斯兰教、反全球化的民粹主义异军突起。这种价值观的焦虑、散乱和迷茫以及共识的难寻，映射到国际层面，使美西方对外关系中的意识形态因素呈现上升和极化之势，更加倾向于用逆全球化的文化封闭主义、孤立主义和排

---

①　议程设置理论于20世纪70年代由美国传播学者提出，该理论认为大众传播往往不能决定人们对某一事件的具体看法，但可以通过提供信息和安排相关议题来左右人们关注哪些事实。也就是说，大众传播可能无法影响人们怎么想，却可以影响人们去想什么。参见：刘利群、张毓强主编《国际传播概论》，中国传媒大学出版社，2011，第124页。

外主义等应对多元人文国际格局发展。具体表现便是，对外来移民、文化威胁极度担心，渲染对外交往中的文明冲突因素；对世界范围内的文化治理赤字关注不多，对全球人文治理体系效率低下的应对举措不够，淡化或回避文明交流互鉴的作用和可能。此外，全球不同文化之间的深层次矛盾逐渐凸显，跨文化沟通阻隔现象不断增多。这些也日益成为北京文化国际传播不可忽视的影响因素。

2019 年底以来，新冠疫情在全球多点交错暴发，百年变局与世纪疫情交织叠加，大幅激化大国竞争的结构性矛盾，全球意识形态、国际话语权和价值观之争进一步加剧。以"文明冲突论"① 为代表的意识形态斗争回潮，主张排外的逆全球化思潮再起，第四次工业革命催生的数字社会因疫情加速到来，人们在风险社会中日益寻求认同政治以获得归属感。由文化价值观较量引发的社会制度博弈和发展道路、发展模式之争在大国竞争格局中的位置不断前移，也更加激烈，推动国际关系进入一个以"再意识形态化"为特点的新循环周期。受此影响，中美关系呈现博弈态势，人文交流领域也难以幸免。美借疫情"污名化"中国，限制中国留学生赴美研读，将多所中国高校列为出口管制"实体清单"。美国防部不再资助开设孔子学院的美国大学语言项目。中国公民赴美签证有效期缩短，签证审查周期延长，拒签率

---

① 美国政治学者亨廷顿于 20 世纪 90 年代初提出"文明冲突论"，认为意识形态在冷战后的国际关系中作用趋弱，文明之间的冲突将主宰未来世界的发展；由于文明的差异是所有人类差异中最具根本性的差异，因此人们在全球化过程中将会越来越感受到文化差异的冲击。参见：塞缪尔·亨廷顿《文明的冲突与世界秩序的重建（修订版）》，周琪、刘绯、张立平等译，新华出版社，2010。

上升。美国联邦调查局和国安委警告常青藤盟校管理者对 STEM（科学、技术、工程和数学）领域的中国学生保持警惕。美还指责在美华人华裔"从事间谍活动"，一些华裔科学家和研究人员被无端调查甚至突遭解聘驱逐。中美博弈加剧使"西强我弱"的国际舆论格局难以在短期内根本改变，全球跨文化传播中的非对称、不平衡状态还将持续，中国国际文化话语权一段时期内仍将处于守势。北京文化国际传播要考虑到美国在全球人文格局中的带动效应，也要关注中国对外交流中的摩擦现象可能会不断增多。例如，中国电视剧《向风而行》因为画面中出现"南海九段线"地图而在越南遭到下架；中国电影《红海行动》因包含中国军舰在"争议水域"出现的场景而在越南被叫停上映。北京文化国际传播除了面临传统上美西方凭借军事、科技、经济实力优势建构起来的文化霸权主义、信息帝国主义①等挑战，疫情暴发以来还要面对中美博弈升级所引发的"新常态危机"。

当前，共建"一带一路"倡议正显著提升国际社会对中国的关注度，持续稳定地促进中国整体国家形象的提高。这一倡议横跨几大洲、纵横几万里，连接世界三大宗教，跨越中华、印度、波斯-阿拉伯、希腊-罗马四大文明圈，形成多元人文交流带，呈现民族宗教复杂、文明形态多样、文化交错突出的特点。共建

· ①　在信息社会，掌握信息便意味着拥有权力。媒介话语既是一种知识诠释手段，也是一种权力建构资源，它可以通过传播某些信息、知识和观念，或压制某些信息、知识和观念而确立一种信息秩序或文化权力。信息帝国主义是指某个集团因为掌控媒介的使用而控制社会信息的生产和人类知识的传播，成为文化或政治权威，进而成为一种社会权力的现象。参见：盖伊·塔奇曼《做新闻》，麻争旗、刘笑盈、徐扬译，华夏出版社，2008，第199页。

国家和地区多是有着深厚人文底蕴和文明积累的文化腹地，由于自然环境、生活习俗、价值取向和审美趣味的不同，在价值理念和行为方式上存在较大差异。随着"一带一路"经贸、产能合作，基础设施互联互通的不断推进，共建国家之间的交流互动成为常态，不同文化并存互渗、交往密切，各种文化群体之间的价值观念相互影响、交融，甚至交锋、碰撞不可避免。部分国家对华认知存在偏差，视共建"一带一路"为中国谋求地缘政治优势的工具，担心"一带一路"会成为中国对外输出价值观的手段，渲染各式"中国文化威胁论"，如中国"文化殖民论""文化扩张论""文化渗透论"以及中国引发"文化冲突论"等。北京文化国际传播需要从理论与实践结合的角度，找寻共建"一带一路"消除文化认知障碍和价值认知偏差的路径和方法，从战略高度提出促进文化对接和文化融合的应对之策。

二、国内层面：中华文化海外传播共性问题有待解决

中国对外人文交流不断扩大，但中华文化在全球范围的认可程度整体尚不高，其能见度、辐射力和传播力以及对全球治理体系变革的促动作用与中国作为世界第二大经济体的实力地位、深厚的文化积淀和历史遗产资源还不完全相称。① 无论历史文化遗产资源如何丰富，都难以自动转化成为预期的国家形象，中华文化国际影响力、全球传播力和整体软实力的提升由此需要规划制定目标清晰、定位明确、渠道畅通、举措有效的人文交流路线

---

① 胡文涛：《文化外交与国家国际形象建构——西方经验与中国探索》，中国社会科学出版社，2015，第209页。

图。目前来看，中国各类主体、多个层级、部分领域在推动中华文化走出去的过程中仍面临亟待重视和解决的问题。

从传播内容看，中华文化在国际传播中千篇一律、千人一面的同质化状况尚未根本改变，丰富多彩的多元一体格局尚未得到充分展示。[1] 不少外国受众对中华文化的认知还停留在茶叶、瓷器、丝绸、功夫等粗线条、可视化的浅表符号阶段。[2] 而文化最深层的内核实际上是思想理念和价值观念，世界上各种文化思潮之争实质上都是价值观念之争。由此，中华文化还应该包括思想、制度、道德、价值观、审美等丰富的内涵。

当前，选择哪些中华文化走出去仍然是需要不断深入思索的重大问题，从中华文化中深入挖掘全球性、普适性思想资源的努力还需继续，寻求中华文化与世界文化在价值、情感、审美和伦理层面的同频共振还需深入，提炼中华文化中那些具有影响力或改变人类生活积极意义的文化要素还需加强。梁漱溟在《东西文化及其哲学》中认为，只有阐释清楚中国文化的内涵所指，只有深入了解民族文化所要面对的外部语境，文化交流才不会沦为门面话、应酬话。[3] 也只有这样，中华文化才能对接全球文化共

---

[1]　谢伦灿、杨勇：《"一带一路"背景下中国文化走出去对策研究》，《现代传播》2017年第12期，第111页。

[2]　应该说，一般而言，越少依赖语言的文化产品和活动越容易传播，如音乐、舞蹈、绘画等较少依赖语言的艺术活动要比诗歌更容易传播，镶嵌于语言之中或依赖语言的文化产品和活动则需要借助专业的双语使用者或学习过原语的外国受众。因此，文化国际传播中的语言障碍是需要特别重予以考虑的问题。参见：艾布拉姆·德·斯旺《世界上的语言——全球语言系统》，乔修峰译，花城出版社，2008，第49—69页。

[3]　梁漱溟：《东西文化及其哲学》，商务印书馆，1999，第2页。

同价值体系，建立与外部世界良性互动的人文生态系统。

当代中国与世界研究院发布的《中国国家形象全球调查报告2018》显示，在全球最大的22个经济体中，55%的受众认为中餐是最能代表中华文化的元素，50%的受众认为中医药代表中华文化，仅有11%的受众认为中国文学作品代表中华文化。[①] 新奇且富含异国情调的外表虽然可能会引起目标国受众对中华文化的一时兴趣，但只有当他们真正意识到中华文化含有他们所需要的思想内容时，中华文化才有可能顺畅传播。因此，中华文化在海外传播时要以一种更加包容开放的姿态被重新认识梳理，从中国文化表征符号中深入挖掘人类共同追求的价值元素，挑选能够集中展示中华文明特点，承载中国文化精神的人文交流介质，通过国际通行的设计转换，展现中华传统文化的美学格调和情感意境，下大力气增强中华文化的亲和力、感染力、吸引力和竞争力。唯其如此，他者文化才有可能深入到中华文化的丰富内涵中去，通过哲学和思想层面的鉴赏和对话，最终达成两者之间的真正理解和彼此尊重。

从传播对象看，深入交往国家和地区民间组织开展人文交流的主动性和积极性尚待挖掘，国内青年群体作为人文交流主体以及吸引海外青年受众的主动参与均显不足。《中国国家形象全球调查报告2018》显示，分别有33%和15%的海外受众倾向于通过本国新媒体和中国在本国推出的新媒体了解中华文化，特别是

---

① 当代中国与世界研究院：《中国国家形象全球调查报告2018》，第32页，http://www.accws.org.cn/achievement/201912/P020191203506190462412.pdf，访问日期：2023年5月15日。

年轻群体更习惯于通过新媒体获取关于中国的信息，依托于互联网、智能手机的新型社交媒体平台已经成为信息传播的主流渠道。① 因此，只有更敏锐地捕捉受众的文化心理需求，才可能摸索出更有效的传播机制。中国对外人文交流亟须重心下沉，贴近最广泛受众，在传播工具上与青年群体保持同步甚至领先，并通过构建政府、社团、民间多层次人文交流合作新机制，通过体制改革创新，为民众和社会力量积极参与对外人文交流创造条件、提供保障。

从传播手段看，中华文化海外传播在通过文化感染力寻求理解和尊重，通过文化共情力谋求文化认知等方面还存在不少挑战，难以全面展现中华文化的魅力和活力。文化产品和服务亟待由"送出去"向"卖出去"转变，② 亟待由"软需"走向"刚需"。需要强调的是，文化"润物细无声"走出去要比"敲锣打鼓"走出去更容易为海外受众所接受，基于个人兴趣主动选择并了解一种文化更应该成为文化国际传播的主要方式。

从传播话语看，对外话语体系还存在"概念漂浮""话语空

---

① 当代中国与世界研究院：《中国国家形象全球调查报告 2018》，第 36 页，http://www. accws. org. cn/achievement/201912/P020191203506190462412. pdf，访问日期：2023 年 5 月 15 日。

② 李嘉珊：《文化"走出去"要"择其门而入"》，《光明日报》2017 年 1 月 5 日，第 11 版。

转""传播失真""文化误读"① 等现象，中国故事的国际表达仍有待加强，中华文化价值的高度、话语的力度、共鸣的深度和共情的温度尚待挖掘。中国对外人文交流逐渐拓展，但对对象国民族文化的系统性研究不足，缺乏能够提供政策支撑的理论研究、学术成果等。中华文化走出去的核心问题之一是中国元素的国际表达，这一问题所涉及的并不仅仅是翻译技巧，还是一个系统的知识体系构建、认知并为人接纳的过程。在坚持中国特色的基础上，如何紧跟时代和国际步伐，在对未来发展进行前瞻性思考的前提下，结合海外前沿创新元素，善于借助新手段、新模式、新技术打造会通中外的话语体系，是必须要下大力求解的问题。比如，中餐馆、武术馆早已遍布世界各地，但实际上仍然很难真正进入多数国外社会的主流话语体系。以中餐馆为例，据《2019 亚洲美食消费趋势报告》，截至 2018 年底，全聚德、东来顺、便宜坊等中华老字号在亚洲其他国家和地区覆盖 21 个城市，亚洲各国中餐厅总数超过 4.4 万家，比 2015 年增长约 120%。② 越来越多的中餐品牌走向世界，但中餐仍未摆脱"小而散"的状态，始终难以跻身高端餐饮行列，在全球知名餐厅榜单中寥若

---

① 文化误读（cultural misunderstanding）是基于己方的社会规范、观念体系、思维方式等对另一种文化产生的偏离事实的理解和评价。文化误读源于文化差异，受制于社会历史条件、文化交往能力以及语言水平、知识结构等因素，也常常因为服务于阐释者的某种利益需要而具有政治和意识形态色彩。文化误读往往会形成误导，导致偏见和文化歧视，甚至造成敌意和文明冲突。参见：孙英春《跨文化传播学》，北京大学出版社，2015，第 165 页。

② 张景华：《风味在此扎根 历史在此讲述》，人民网，2019 年 5 月 20 日，http://health.people.cn/n1/2019/0520/c14739-31093493.html，访问日期：2023 年 5 月 15 日。

晨星。除技术原因外，中餐的菜品体系与当地评价标准的疏离，中餐文化与海外话语体系的错位导致的"似近尤远"应该是主要原因，这也折射出中国文化融入海外语境的程度依然有限。①

从传播地区看，不同国家、地区和民族有着不同的思维方式和价值理念体系，国际文化传播需要针对不同的人群、不同的地域以及不同的文化系统而设计相关文化传播要素、理念和方式，形成差异化、独特性的传播策略。比如，在中非发展合作已经进入新的历史阶段的当下，需要加深对非认识和理解，打造双向、平衡、互动的中非人文交流格局。对于发达国家，文化产品贸易逆差问题依然存在。

从传播机制看，一方面，当前国际文化传播的资源、项目和资金分散在宣传、文化和旅游、教育、新闻出版、广播电视等多个部门，各个部门的相关规划需要有效衔接，以形成聚合联动效应；另一方面，文化走出去还需要把文化传播机制和渠道建设放到更为突出的位置，在扩大参与主体范围的同时，健全覆盖多元的交流格局，整合多种传播渠道，进一步发挥文化合作机制在人文交流中的辐射和带动作用。此外，全球化时代的跨文化传播，不能仅仅依靠政府的单维表达，也要重视发挥民间的智慧和多样文化人群共同参与的力量，②建立常态化的民间人文交流机制。

从传播战略看，文化产业与文化战略的关系需要进一步厘清，即文化走出去不应止步于文化产业输出，更要具备文化战略

---

① 姚亿博：《让走出去的中国文化也能"余音绕梁"》，《光明日报》2018年1月25日，第7版。

② 孙英春：《跨文化传播学》，北京大学出版社，2015，第447—450页。

的长远考虑。即使仅就文化产业而言，与发达国家相比，中国文化产业在全球文化贸易价值链中还处于中低端位置，文化产品创新不足，竞争力、吸引力、传播力相对较弱，供给有时与国外大众兴趣点脱节，缺乏品牌效应。中国文化企业国际竞争力仍偏弱，尚需增强"走出去"的自觉、"融进去"的恒心，特别要适应并尽快掌握跨文化管理模式和交际技巧，不能把国内的管理方式简单照搬到海外去。

上述共性问题也不同程度存在于北京文化国际传播进程之中。

三、北京层面：北京文化国际传播特色路径尚需摸索

目前，北京文化国际传播尚缺乏将对外文化传播与中国核心价值观相结合的理念和做法，侧重塑造国家形象，未能明确建构北京文化身份，没有通过文化传播精准表达北京的文化内涵和精神价值。在 2018 年世界最佳城市品牌排名中，北京居第 51 位，城市品牌软实力亟须加强。

比如，北京对外文化建设与服务仍以政府为主体，虽然有一定的社会资本引入，但总体占比相对较少，从而在一定程度上制约了文化建设与服务的效率。北京文化国际传播多是官方或半官方机构或组织在推动，由社会力量开展的对外文化交流还不多见，缺乏市场和商业逻辑的支撑，尚未形成广泛的对外人文交流民间支持体系。与官方的人文交流合作相比，民间人文交流步伐缓慢，如在具有盈利性质的对外文化产业方面，可以看到市场化的文化企业参与，但是在公益性的对外文化交流中，基本只有北

京市文化和旅游局、北京市人民对外友好协会等机构和组织在开展对外文化活动。北京市民间组织能够主动面向国际社会开展文化交流的并不多，能够独立自主策划和开展有影响的文化交流活动的更少。而过于依靠官方或半官方力量，往往会影响对外人文交流的实效，①并且由于可持续融资支撑的缺失，连续性难以保证。北京文化国际传播需要进一步扩大参与主体，鼓励文化企业、民间组织、教科文卫团体、高校智库等参与进来。

再如，学界对北京文化国际传播对象国和地区文化发展现状的研究虽然已经取得了一定进展，但是相关研究还不够全面和深入，国家文化层面的研究成果居多，城市文化层面的研究成果较少。同时，相关文化研究大多采用的是文献研究法，建立在实地调研基础上的研究成果较少。在研究基础不够扎实的情况下，由于对有关国家和城市的宗教、文化、民俗、历史等缺乏深入了解，北京对外文化交流活动和对外传播还缺乏精准性和针对性。②实际上，不同国家、不同城市的居民，其语言、文化、习惯、职业、阶层、心态不同，对人文交流的期待也完全不同。东亚近邻国家和地区对中国文化较为熟悉，当地青年人喜欢不断接触新鲜时尚的文化；非洲地区处于工业化进程中，受众对于讲述个人奋斗、家庭伦理的影视剧更为期待；欧美地区文化底蕴深厚，艺术与技术创新思维敏锐，深层思想交流需要保持足够的理

① 曾祥明、曹海月：《新时期北京对外文化交流的制约因素及其化解之策探析》，《中共济南市委党校学报》2019年第3期，第73页。
② 张国：《"一带一路"倡议下北京市对外文化交流的成效提升研究》，《南方论坛》2018年第8期，第73页。

性高度、学术严谨性和个性化尊重。①

又如，一些企业过于注重文化产业化进程，忽视文化传播的内容和质量，缺乏具有国际影响力和竞争力的文化产品及服务。如果不在人文交流理念和举措方面发力，只是借助于文化产业合作、项目经营等经济手段，人文交流很难实质性影响交往对象国的民心。由于语言、文化以及生活习惯的原因，加之缺少熟悉海外市场和文化差异的专业推广运营人才，缺乏面向国际社会的文化贸易中介组织，北京文化产品开发和运营的国际化水平仍偏低，在文化走出去的过程中往往会出现"文化折扣"②现象。另外，一些文化企业不仅缺乏推进国际传播的整体战略规划，而且国际传播的渠道也较为狭窄，企业在开发海外市场时大都采用授权代理模式，基本不掌握当地市场主导权。③ 这种情况的出现可能与北京文化在勇于实践和接受外来新鲜事物等方面尚显谨小慎微有关。④

---

① 蒋好书：《文化走出去要有"用户思维"》，《人民日报》2017 年 11 月 7 日，第 24 版。

② "文化折扣"这一概念最初来自加拿大学者考林·霍斯金斯所著的《全球性电视和电影——产业经济学概论》，指的是受众对使用自己语言和方言制作的节目有着自然的偏爱，因而降低了外国节目的吸引力，使外国电视节目的发行人获得的价值减少。由于历史文化不同、生活方式有异、观察问题视角不同，文化传播的内容往往面临折损问题，从一种语境传播到另一种语境时往往形成理解上的障碍和认知困难。文化折扣依据各种文化之间的相近性或文化亲缘度而变化，文化越相近，文化折扣就越小，反之则越大。参见：考林·霍斯金斯等《全球性电视和电影——产业经济学概论》，刘丰海、张慧宇译，新华出版社，2004，第 53 页。

③ 宫玉选：《提升文化企业国际影响力 推动北京成为一流国际文化中心》，《前线》2018 年第 6 期，第 84 页。

④ 顾军：《北京文化特征小议》，《北京联合大学学报》2001 年第 1 期，第 81 页。

为此，要重视北京文化国际传播存在的短板，强化"北京故事"的国际表述，需要在如下几个方面加大理论思索和实践力度：进一步明晰北京文化国际传播的战略设计特别是指导思想、目标任务和政策措施等，提升对于北京文化国际传播重要性和紧迫性的认识和意识；加快理顺文化对外传播的管理体制机制，提高对外文化产品质量特别是文化产品的内容原创性；① 加快培养具有国际竞争力的大型文化创意企业，提高对外文化交流的良好国际语言环境；加大语言文化等外向型人才培养，加强国际文化创意街区的打造以及多途径促进北京文化国际传播内生性动力；等等。

总体而言，北京文化国际传播因其具有长期性、复杂性和细致性等特点，目前尚处爬坡过坎阶段，仍需逐步精细化。同时也要看到，不少西方国家或城市往往在经济发展起来之后三五十年，其文化影响力才逐渐显现。可以说，文化影响力滞后于经济影响力的状况一定程度上是一个自然现象，这是一个循序渐进、水到渠成的过程。

---

① 白志刚等：《北京文化"走出去"国际比较研究》，知识产权出版社，2013，第 25 页。

第二章
北京文化国际传播需要把握好三组关系

第一节　首都文化与北京文化的关系

首都是个政治学概念、国家概念，是一种政治观念的反映；① 北京则是一个地理学概念、地域性概念，② 是一种地缘现实的存在。首都文化立足于首都定位，植根于首都特色文化资源，在国家文化建设中起着示范性和引领性作用。③ "故教化之行也，建首善自京师始。" 首都文化彰显的便是这种 "首善精神"，这种精神首先是首都的城市精神，具有北京文化的特质，④但融合的是全国文化精粹，展示首都文化建设的价值目标和内在

---

① 任超：《首都文化研究的基本视角、概念、内涵与功能——基于相关文献的综述》，《前沿》2016 年第 12 期，第 95 页。

② 李建平：《北京文化的特点——兼论北京文化与北京学》，《北京联合大学学报（人文社会科学版）》2013 年第 1 期，第 54 页。

③ 郭万超、孟晓雪：《首都文化的定位、内涵和内在逻辑》，《前线》2018 年第 2 期，第 77 页。

④ 沈望舒：《从 "首善" 到 "人文" 的心路趋向——浅述构建首都文化特质的着眼点》，《北京联合大学学报（人文社会科学版）》2009 年第 4 期，第 17 页。

底蕴，更具政治意味。北京文化则是一个巨大且复杂的文化系统，① 具有鲜明的独特性和代表性，② 开放包容、兼收并蓄是其突出特征和价值内涵，更具文化色彩。相对于首都文化，北京文化更以一种地方性文化的面貌展示自己，首都文化与北京地方性文化二者交叉前行。在不同时代，北京文化融入不同统治者所构建的首都文化精神之中，体现不同样式，因此两种文化是相互交融且彼此穿插的。③

北京作为大国首都城市，其发展要以北京文化为底蕴，重在彰显首都文化特色，展示大国气魄和世界眼光。北京文化国际传播要紧紧围绕"首都风范"来加以谋划，同时以北京文化的"时代风貌"彰显首都文化的国际价值。与共建"一带一路"相呼应，北京文化国际传播要着力打造丝绸之路北京文化品牌，放大首都文化影响效应，向世界讲述当代中国发展道路，中国价值理念的历史根源、文化基因和未来发展走向，通过讲述中国故事让首都北京成为中华文明的国际展示平台。

第二节 北京文化与中华文化的关系

中华文化是一个多结构的复杂形态，具有多成分性、多层次

---

① 李建平：《北京文化的特点——兼论北京文化与北京学》，《北京联合大学学报（人文社会科学版）》2013 年第 1 期，第 54 页。

② 刘勇：《从历史深处走向现实与未来——对北京文化独有魅力及发展态势的思考》，《北京师范大学学报（社会科学版）》2004 年第 1 期，第 99 页。

③ 阎崇年：《北京文化的历史特点》，《北京师范大学学报（社会科学版）》2004 年第 5 期，转引自任超《首都文化研究的基本视角、概念、内涵与功能——基于相关文献的综述》，《前沿》2016 年第 12 期，第 95 页。

性的特点，也具有主导性、认同性的特征。① 自古以来，中华文化在曲折发展中呈现出愈加鲜明的多路径交叉、一体化并进的总体演化态势，具有明显的多样均衡、兼容并包、和合共生的文化基因特性。中华文化及其形象由一个个丰富多彩、各具特色的来自不同地区和民族的优秀代表形象共同构成。比如，若按照地域文化②细分，中华文化包括燕赵文化、三晋文化、三秦文化、吴越文化、齐鲁文化、巴蜀文化、荆楚文化、南粤文化等亚文化类型。这些形态各异的地域文化包含了各地区、各民族独有的情感、观念、风俗和言辞的总和，共同构成了多元一体的中华文化图景。地域文化的多样性不仅为本地化的文化活动提供了更多层面的可能，更为国家形象塑造和传播拓展出多元化维度。借助地域文化，讲好中国故事、传播好中国声音是传播中华文化的一个有力举措，能够为发展中国特色社会主义文化、建设社会主义文化强国提供有力支撑。

作为具有鲜明特色的地域文化，北京文化是中华文化特质的一个侧面、角度、环节和要素的体现，有着悠久的历史、丰富的素材、鲜活的人物以及生动的细节。作为全国的政治中心、文化中心、国际交往中心和科技创新中心，北京通过国内资源汇聚支

---

① 张立文：《谈谈北京文化的特点》，《北京社会科学》1986 年第 3 期，第160—161 页。

② 地域文化主要是指在一定自然地理范围内经过长期历史发展形成的、为当地人民所熟知和认同的、带有地域文化符号的物质文化和非物质文化。在中华大地，多种多样的优秀地域文化一同构成了中华文化。参见：邵汉明《加强地域文化研究》，《人民日报》2019 年 6 月 17 日，第 9 版；宋小飞《北京建设全国文化中心的建议——基于京津冀一体化及"一带一路"的双重视角》，《学理论》2018 年第 4 期，第 3 页。

持中华文化海外拓展，深入探索挖掘地域文化的多重意涵，借由多种类型的文化构建，折射出层次丰富、内涵厚重的中国国家形象，在中华文化国际传播中发挥重要作用。

进而言之，北京文化国际传播要立足中国、面向全球，发挥文化支撑的先导作用及其所应承担的重要历史使命，[①] 将自身打造成为中华文化国际传播的重要连接枢纽，开拓国际文化市场，展示最鲜明的北京风情及其蕴含的浓郁中华特色文化，以此促进城市开放度、文化首位度、国际认可度的有机统一，服务国家文化外交大局。

第三节　中华文化与世界文化的关系

人类社会是由不同文明板块构成的多元文化体，本身是一部文化交流史的集合。北京文化走出去要在中华文化的民族特性与世界文化的共通属性中把握平衡，在世界性的文化竞争中通过讲好北京文化故事体现"和""合"中华文化精神，为世界提供中华文化发展的北京经验和启示，让受众在理念融通和价值共享中实现民心相通。全球文化交往行为具有"文化间性"，即承认文化关联性和差异性的共在，以一种文化交往理性和文化间的相互开放、求同存异和包容对话为旨归，以期逐渐形成由文化冲突到

---

① 田蕾：《"一带一路"背景下首都文化"走出去"的路径选择》，《市场论坛》2018 年第 10 期，第 68 页。

文化融通的动态渐进过程。① 北京文化国际传播在此过程中要关注以下几对关系：文化多样性与文化共同性的关系，文化独特性与文化包容性的关系，传统文化与现代文化的关系，文化安全与文化发展的关系，加强文化自信与遵循平等互尊的关系，开展官方人文外交与推进民间人文往来的关系，中华文化与外来文化的关系，等等。

一、文化多样性与文化共同性的关系

世界上有 200 多个国家和地区、2500 多个民族和多种宗教以及 7000 多种各式语言。不同国家民族、不同时空地域的文化各有其形式、内涵与特点，作为人的本质的自我表达，每种都有超越时空的永恒价值。② 文化多样性是世界的基本特征，参差多样是文化存在的日常形态。文化之间的差异不过是不同群体对不同自然和社会环境适应的结果及其特有经验的表达，③ 是不同国家和民族在其自身发展历程中创造的具有独特内涵的民族文化，体现各国家、各民族、各地区文化的独特性。每一种文化都因独特魅力和深厚底蕴而有自己存在的价值，都因饱含人类发展进步所依赖的价值理念而成为人类的精神瑰宝。文化多样性是人类文

---

① 贾文山等：《改革开放 40 年"中国文化"到"文化中国"的演进与挑战》，《西安交通大学学报（社会科学版）》2018 年第 6 期，第 32 页；张安冬：《交往理论视阈下文化自信与中国国际话语权提升》，《天津市社会主义学院学报》2019 年第 2 期，第 55—59 页。

② 席岫峰：《关于文化超越问题的思考》，《长白学刊》2016 年第 2 期，第 131 页。

③ 孙英春：《跨文化传播学》，北京大学出版社，2015，第 159 页。

明发展的基础和客观规律，是世界文明生态系统的基本特征。联合国教科文组织将文化多样性定义为各群体和社会借以表现其文化的多种不同形式，视其为人类社会的共同遗产，是人类得以享有更好的知识、情感、道德和精神生活的手段，[1] 也是人类应付各种复杂情况的文化资源。在关注文化多样性和差异的同时，能体察到共性的存在，是把握文化多样性的适当态度。[2] 文化共同性是指各国家、各民族、各地区文化普遍具有的共同属性，是潜藏在不同文化深层结构之中的共有观念和规范要素，也是人类共有财富和共同精神家园的象征。从文化发展史的视角看，文化多样性与文化共同性不是简单的对立关系，而是一般与特殊、共性与个性的一体并行、同生共构的辩证关系，两者息息相关、相辅相成。

在跨文化交流交往的过程中，每一种文明都扎根于自己的生存土壤，都凝聚着一个国家、一个民族的非凡智慧和精神追求，都有自己存在的价值。尊重文化多样性，要更多地将视野从文化的特殊性和对异国风情的猎奇性，拓展到对各国和各民族行为方

---

[1]　1998 年 11 月，第 53 届联合国大会通过决议，宣布 2001 年为"联合国不同文明之间对话年"。2005 年，联合国教科文组织第 33 届大会通过了《保护和促进文化表现形式多样性公约》，把"文化多样性"定义为各群体和社会通过丰富多彩的文化表现形式来表达、弘扬和传承其文化遗产，以及这些群体和社会的艺术创造、生产、传播、销售和消费的多种方式；强调文化多样性是人类的共同遗产，是各社区、各民族和各国可持续发展的一股主要推动力。作为联合国系统专门推进人文交流合作的机构，联合国教科文组织还身体力行，相继于 20 世纪 80 年代发起"对话之路""中亚文化间对话""非洲钢铁之路"等人文交流活动，特别是近年发起"丝绸之路在线平台"旗舰项目，重新激活古丝绸之路文明对话，并得到了中国、阿塞拜疆、哈萨克斯坦、德国、阿曼等国家的支持。

[2]　孙英春：《跨文化传播学》，北京大学出版社，2015，第 159 页。

式的文化根源的深入了解以及文化共同性和普遍性规律的探寻中，寻求彼此共有的价值观念区间和共识地带。尊重文化多样性，要在留意文明异质性的前提下发挥文化共同性的优长，在保持自身文化认同的同时承认他者文化存在的客观性，包容其差异性，理解其独特性，既不能陷入文化中心主义的窠臼，也不能落入文化部落主义的泥潭。尊重文化多样性，要在立足文化共同性的基础之上，针对各国文化因其地理位置、资源禀赋、历史渊源的不同所带来的千差万别的特色和差异，坚持精准传播，不搞"一刀切"，不搞统一模式。尊重文化多样性，还要尊重不同民族文化的价值选择，发挥文化移情或文化共情能力，克服仅从自身文化视角解读他人行为的倾向，自觉建立跨越不同文化的共情机制，利用情感因素跨文化共情传播，在主动对话和平等欣赏中感知和悦纳另一文化。① 实际上，这也为自身文化的发展提供了必要的可能性。

二、文化独特性与文化包容性的关系

世界上每种文化都有其独特魅力和深厚底蕴，都是人类文明的精神瑰宝。同时，任何一种文化的生命力都源于其开放性与包容性，来源于与其他文化持续对话进程中的多维度阐发与融通的可能性，均受人类社会整体物质和精神创造过程的影响，并不断充实全人类文化演进发展。各种文明只有在与他者文明相互接

---

① 文化移情作为跨文化交往的一种能力，涉及信息获得的技能与方略，以及处理不同人际关系、扮演不同社会角色、承担不同社会身份、处理不同社会场景等诸多能力。参见：孙英春《跨文化传播学》，北京大学出版社，2015，第332页。

触、欣赏、激励、启发之中，才能获得促进自身发展的外部动力，以此适应、维护并促进不断演进的社会生活和世界形势。任何封闭的文化都会因为吸收不到更多的营养而渐趋委顿，脱离世界文化发展潮流，终至失去生命活力。一种文化在与外来文化进行交流时，只要坚持可行方法，保持自身文化特性，就有可能不断吸纳融汇外来文化，并使其成为自身文化的有机组成部分。因此，从国际人文交流合作的视角看，文化独特性证明了文明交流互鉴的必要性，而文化包容性则为这种文明交流互鉴提供了可能。

文化独特性源于文化的地域性和民族性，但这种独特性不是抱残守缺的文化保护主义、文化孤立主义或民粹排外主义，更不应是变相谋求唯我独尊的文化中心主义或文化霸权主义，而是应承认和尊重其他民族、国家、地区的信仰、价值观、文化传统和意识形态以及政治社会制度。同时，文化包容性也不是文化媚外主义，弘扬人类共同价值不能取代本民族和国家的地位和价值，立基于本民族和国家基本核心文化价值之上的人文交流才能长久。从文化心理学的角度看，文化作为一种"集体心理程序"，决定了特定人群的感知、思维和态度，不同人群通常根据自己的心理结构、认知经验和行为模式去解释客观世界中的各种现象，不可避免地带有一定的偏见或定势。[①] 开展多元文化交流需要把握不同人群潜在的文化心理，最大程度消解对他者文化的定势或偏见，并有意识地探寻差异性互补的可能，延伸互相接受的心理

---

① 孙英春：《跨文化传播学》，北京大学出版社，2015，第 274 页。

空间，有鉴别地加以学习，有选择地予以吸收，① 根据自身需要进行符合文化发展逻辑的融会贯通。国民性格源于特定的文化模式，成因复杂，与文化心理息息相关，既是价值观、习俗、语言等多种文化传统的积淀，也与地理环境、历史境遇有关，还与时代环境的变化密切相关。不同文化传统、地理环境造就不同的国民性格，社会环境、法律制度的改变也会影响国民性格的发展。这是开展文化国际传播需要关注的问题。

三、传统文化与现代文化的关系

全球化推动文化符号流转，西方文化的全球扩张使得现代化日益成为一种世界历史进程。随着不同传统的社会共同迈向现代社会，全球各主要文化陆续进入"在传统与现代之间左右摇摆"的共性态。传统与现代相互争夺着对社会大众的文化消费、生活方式和价值观念的控制，两者之间的张力持续凸显。如何厘定自身文化传统，诠释本土文化资源、价值体系和思想框架？如何在传统与现代之间找到恰当的结合点，实现本土与全球社会的融合？如何平衡传统与现代之间张力所构成的困境？② 处理传统文化与现代文化之间的关系需要关注上述议题。

---

① 人们对异质文化的吸收具有明显的选择性，选择标准主要有两个方面：一是异质文化相对于接收者的使用价值越大则越容易被借用，反之则不易被借用；二是异质文化与原有文化模式越协调或差异不大则越容易被借用，换言之，两种文化相似程度越大越容易发生借用。比如，清朝后期，中国人曾以日本为中介学习西方文化，这是由于中国文化与日本文化有较多相似之处。参见：克莱德·伍兹《文化变迁》，何瑞福译，河北人民出版社，1989，第 3 章；关世杰《国际传播学》，北京大学出版社，2006，第 120—121 页。

② 孙英春：《跨文化传播学》，北京大学出版社，2015，第 398 页。

传统是各国文化之根，是流淌在文明之河中的文化基因，是发挥着普遍性、基础性作用的生活方式和文化心理模式。传统文化是各国文化实践的精神结晶，经历漫长发展和自然积累的过程，在悠远岁月长河中不断淘洗积淀而成，是在认识和处理自然与社会、物质与精神、个体与集体、历史与未来等关系中创造和形成的具有自身特色的智慧和知识，形式各异但同样精彩，极富生命力。在许多社会，传统与现代难以清晰分割，两者相互渗透。各国文化从传统中来，但也应当融合现代的内容，对当代问题作出明晰回应，才有生存之本。传承、发展和创造是传统文化前行的力量源泉，也是延续薪火的根本生命动力，两者缺一不可。只重视传统，容易造成"食古不化"；只看重现代，容易形成"食洋不化"。破坏传统不仅未必意味着现代的必然实现，甚至会损害现代文化发展；无视传统而盲求现代，大概率也难以成功。在传承与发展传统文化的问题上，传承是基础，发展是目的。没有扎实的传承，发展就如无源之水、无本之木；同样，如果只有传承没有发展，传统文化的生命力与延续性也会脱离时代，缺乏活力，逐渐萎缩。总之，任何一种有生命力的文化，既要彰显其传统性，又须富有时代感。[1]

传统造就了人们的心理——文化世界的深层构造，[2] 文化变迁的终极力量需要挖潜内部传统，观察世界的支点还需建立在传统文化资源的架构之上。值得注意的是，传统文化的延续和转换

---

① 丰子义：《中国文化如何走向世界》，《前线》2019 年第 6 期，第 35 页。

② 杜维明：《文化多元、文化间对话与和谐：一种儒家视角》，《中外法学》2010 年第 3 期，第 328 页。

并非表层文化符号的罗列和堆砌，而是深层理念的发掘和再造，需要带着问题意识，具体问题具体分析。例如，冯友兰先生提出"抽象继承"，即透过物质与非物质遗存去理解传统的内在精神、价值判断与认知模式等，将其中仍有生命力的东西融入今天的价值、思想体系，建构符合当下情境的现代文化。这是一个深入比较反思、转化创新、长期积累的动态发展过程，需要注重考虑各国不同历史文化背景下的社会风俗、风土人情和价值取向，发掘不同受众的兴趣点和关注点。

跨文化国际传播应注意协调传统与现代的关系，通过平等对话交流，激活不同文化自有传统基因，使之与现代社会价值理念自洽相合，将优秀传统文化融入现代化进程，从古老文明中寻找解决现代问题的钥匙，避免因为传统与现代的冲突而影响现代化进程。

四、文化安全与文化发展的关系

历史上，人文交流主要依赖三类途径：一是战争与征服，二是商业与贸易，三是宗教与信仰的传播。异质文明在引起文化震撼的同时，有时也带来无所适从的茫然甚至对立。近年来，随着全球人文交流愈益深入，各国各民族在增进接触和了解的同时，一些由文化差异带来的矛盾也日益凸显。特别是近年来美西方文化霸权主义及其秉持的一元化逻辑加剧了不同文明板块之间的对冲和张力，逆全球化的文化排外主义方式不断威胁着人类文明多样性。越来越多的国家在参与经济全球化的同时，也注意到因文化交流交锋规模空前而产生的文化冲突问题。所谓"文化冲突"，是指两种或两种以上的文化在接触与交流时，基于地理环境、生产方式、历史传统、宗教习俗等方面的差异，兼因争夺有限资源和生存空间的诉求，一方文化对另一方文化产生的暂时或长期的排斥、对立及否定现象。全球人文格局中的文化冲突主要表现为西方文化与非西方文化的冲突，也有论者认为，从根本上说，也是工业文化与前工业文化、西方现代性与前现代性的冲突。① 20 世纪 90 年代初，针对文化冲突现象的凸显和增多，亨廷顿从冷战结束以来国际关系各种冲突入手，辨识冲突背后的民族情绪、文化特质、宗教基础、地缘因素和历史渊源等，提出了"文明冲突论"，认为文化差异始终是人类的基本差异，未来国际冲突的根源将主要集中于文明间关系问题。

文化接触实际上并不必然导致文化冲突。不同文化之间相互交往交融、学习借鉴是人类文明进步的重要动因。当前阶段，民族文化因为拥有高度向心力和认同感，成为维护国家文化安全的天然屏障。民族文化认同是指来自同一文化群体中的人们对共同历史的知觉和理解，反映的是共同的历史经验和文化符号，以及共同体成员保护自己的生活方式和文化特性的本能和情感。文化认同往往是民族认同乃至国家认同的前提和基础。② 一方面，人们要时刻保持文化自信、文化自强、文化自觉、文化自省，坚持民族文化的主体地位，维护自身民族文化独特性，捍卫国家文化主权的完整性和自主性，维护国家文化安全；另一方面，要始终警惕文化霸权、文化侵略、文化殖民、文化扩张，避免文明冲

① 孙英春：《跨文化传播学》，北京大学出版社，2015，第 169 页。
② 同上书，第 246 页。

突，寻求文化对话，推动变革强势文化挤压弱势文化的不合理的全球人文秩序，构建民族文化安全的国际人文新格局。当前，反对和抵制西方文化一元化做法，保护和发展本民族文化，已成为多数国家越来越强烈的文化安全呼声。保持和尊重世界文化的多样性和丰富性，日益获得国际社会的广泛认同，并成为当代世界文化安全发展的新趋势。

五、加强文化自信与遵循平等互尊的关系

各国文化环境、文明基因、人文结构、思想观念不同，传统文化与现代文化、城市文化与农村文化、精英文化与大众文化以及本土文化与外来文化等各种文化形态错综复杂、繁复多样。文明没有高下、优劣之分，每种文明在价值上都是平等的，不同的文明往往蕴含着人类相同的价值追求，共同为解决人类面临的各种挑战提供精神支撑和心灵慰藉。平等互尊是人类文明发展的前提，文化是文明的基础，任何文化都应该以其自身的历史和内涵被理解，慎用产生于一种文化体系的价值观念去评判另一种文化体系，以有限的文化经验判断他者文化往往成为文化偏见、歧视甚至冲突的根源。文明只有通过平等基础上的相互比照和相互反观，才会提升各自对自身文化特性的归属感和认同感，提升对对方文化个性的欣赏度和接纳度。也唯有在良性的交流互动中，世界才能更好地激发各种文化活力，展现多元文明魅力。

在近代以来的世界性人文交流进程中，经济、科技、军事实力强大的国家往往表现出一种强势文化心态，价值独断和话语霸权是这种强势文化的固化思维模式和具体表现形式，有的甚至无

视其他民族的文化，并在文化输出方面保持"文化顺差"；相反，经济、科技、军事落后国家则容易出现文化自卑心态。① 而人文交流是一个双向互动的发展过程。根据德国哲学家哈贝马斯的交往理性理论，传播沟通是通过主体之间的平等互动达成理解并在主体之间生成意义的过程。不同文化类型应当超越各自传统生活形式的基本价值局限，作为平等的对话伙伴相互尊重。只要交往参与者建立起相互承认的关系，并接受对方的视角，一同用他者的眼光来审视自己的传统，相互取长补短，那么就可能出现建立在信念基础上的共识。②

跨文化国际传播要站在人类文明发展的高度，以兼收并蓄的文化共生心态，培育开放包容的文化自信，在坚守自身文化自信的同时，以平等的姿态尊重他者文化。这种文化自信是一种在文明互信、平等协商基础上的多元共存，而非一种文化对另一种文化居高临下的"俯视心态"或优越感，也不是要搞自我封闭甚至唯我独尊、盲目排外的"文化自大"，更不是品头论足或包办代替，干预他者文化内政或侵犯他者文化主权。这种文化自信既根据自身历史文化传统和国情自主选择适合自己的文化发展道路，又恪守各民族文化一律平等的原则，尊重其他民族文化的存在和发展，本着平等互尊精神共同弘扬不同国家和民族既有文化价值，进而形成全人类共同价值；既摒弃西方文化中心主义，也

---

① 董朝霞：《文化自信须以文化自觉为基础》，《光明日报》2018 年 7 月 16 日，第 15 版。
② 尤尔根·哈贝马斯：《后民族结构》，曹卫东译，上海人民出版社，2002，第 148 页。

不谋求东方文化中心主义，而是以平等互尊、开放包容的心胸，在文化双向交流互鉴中尊重差异、理解个性，在发展自身文化的基础上，携手促进世界文化的共同繁荣；既在理性辨析和综合评估的基础上，具体分析各个对象国文化的特点、历史地位和性质及其成因、具体限度等相关情况，又以平等的视角理解彼此的关系，处理好民族文化与外来文化，特别是西方文化、传统文化与现代文化的关系；既对自身文化生命力怀有自信，也勇于吸收外来文化，并将其转化为滋养自身文化的积极要素；既立足本土，始终保持对本土文化的自信、自觉和战略定力，又面向世界，善于走入不同文明，广泛吸收世界优秀文化有益成分，实现创造性转化和创新性发展。

六、开展官方人文外交与推进民间人文往来的关系

民间人文往来有利于夯实国与国之间关系，丰富国家间外交的内涵和外延。比如，艺术交流、青年沟通、智库研究合作等民间人文往来，可以深入官方外交触及不到的层面和角落，能够潜移默化地深入人心，柔化、弱化一些固有的刻板印象①，从而帮助各国在情感沟通的基础上产生共鸣，消除国家间的误解和偏见。民间人文往来是一个多元主体互动的过程，如何真正发挥民

---

① 刻板印象是关于社会群体抽象的、概括化的观念，表现为对某一类人或事物产生的比较固定、概括而笼统的看法。这一概念由李普曼（Walter Lippmann）在1922年出版的《公共舆论》一书中首次提出。他认为，刻板印象即偏见，有着明显的无意识性和不可控性，是一种过于简化的分类方式，虽然往往与事实不符，但却很大程度上左右着人们对事物的认知。参见：刘利群、张毓强主编《国际传播概论》，中国传媒大学出版社，2011，第116—117页。

间社团、民间企业、民间资本等力量推进民心相通，增进相互了解和友好关系，需要不断探索。

官方人文外交与民间人文交往要注意区分层次和工作对象，力争形成分工合作、相互配合的局面。对外人文交流要充分发挥元首外交和高层交往的引领作用，巩固深化同有关国家的人文合作；要充分发挥高级别人文交流机制的示范带动作用，依托该机制推动区域人文交流，扩大参与国家范围，进一步发挥机制在区域人文交流中的辐射和带动作用。同时，对外人文交流的主体还应该是高校、智库、媒体和相关文化机构等社会组织以及个人、家庭等，政府在对外人文交流中发挥牵线搭桥的作用。强化文化走出去的民间色彩，一定程度上可以降低对象国的抵触情绪，增强传播效果。为此，可以通过集成整合和改革创新，进一步汇聚资源、丰富内容，重心下沉、贴近民众，深入对象国"基层"开展交流。探索新的交流形式和合作领域，逐渐从政府主导、官方推进稳步有序转向政府指导、民间推动的多维方式，以民间人文往来促进官方人文外交，加强协调，形成合力。

七、中华文化与外来文化的关系

在几千年的兴衰变迁中，中华文化形成了自身的基本内核、独特风格和重要特点，成为中华民族的情感所系。相较于西方文化立基于绝对理性和工具理性之上的主客二分的思维方式，中华文化更加强调中庸调和基础上的有机联系、相互依存，有着复杂性、模糊性、多维性、整体性和延续性的深层统一。① 历经数千年传承，中华优秀传统文化所蕴含的亲仁善邻、协和万邦的处世之道，惠民利民、安民富民的价值导向，革故鼎新、与时俱进的精神气质，道法自然、天人合一的生存理念② 仍然散发着丰富的思想价值和精神意蕴，其柔韧度、自适性和修复力为解决当代人类社会发展面临的共性难题提供着独具特色的思想资源，对当代世界国家治理和全球治理有着重要的思想启迪和借鉴意义。同时，与其他文化一样，中华文化并非一个封闭的系统，而是在同其他文化不断交流互鉴中形成的开放体系。中华文化既是在中国大地上产生的文化，也是同其他文化不断交流互鉴而形成的文化，具有明显的兼容众善、合而成体、宽和融通的特点。中国自汉代起就保持着与印度文化、阿拉伯文化乃至欧洲文化的频繁对话，尤其是中印之间的佛教文化交流，深刻影响了中华文化的深层结构和文化传统的演进。如果没有印度文化和中华文化的沟通，儒学就不可能发展成宋明理学。③ 中华文化生生不息的魅力便在于坚持文明多样性，包容文明异质性，秉持文明和谐共处，坚持"和而不同"理念，保持吸收各国文明优质营养的胸襟。中华文化海纳百川的开放包容品质，兼收并蓄的融合创造智慧，已经内化为中华文化的核心要素和遗传密码。

---

① 张耀军：《对新时代中华文化走出去的几点浅见——兼论中华文化"一带一路"国际传播的可及性》，《江淮论坛》2020年第1期，第141页。

② 习近平：《深化文明交流互鉴 共建亚洲命运共同体——在亚洲文明对话大会开幕式上的主旨演讲》，《人民日报》2019年5月16日，第2版。

③ 杜维明：《新轴心时代的对话文明》，载关世杰主编《世界文化的东亚视角：全球化进程中的东方文明》，北京大学出版社，2007，第5页。

处理中华文化与外来文化的关系，要发扬中华文化兼容并包、共生共在的优秀品质，将中华文化放到人类文明发展的整体进程中去考察，坚持民族意识与世界眼光交汇融合的原则，善于从人类文化总体出发，深化对中华优秀传统文化的再认识，从更宏阔的视角把握中华优秀传统文化的未来发展方向。在此过程中，只有珍惜和维护本民族文化，才能牢固树立文化自信意识；只有学习借鉴人类社会创造的各种文明成果，才能不断开拓文化创新的新格局。为达此目的，对外要采取学习借鉴的态度，积极吸纳人类社会创造的各种文化有益成分，但并非照单全收，而要根据自身需要有选择、有拒绝，也要有创新；对内要一分为二，既大力弘扬自身优秀传统文化，又摒弃传统文化中陈旧过时或已成为糟粕的东西，坚持有鉴别的对待、有扬弃的继承，使之与现实文化相融汇通。只有注重内塑，才能更好外显；只有坚持赓续传承与超越创新互动协进，吸取精华与剔除糟粕同时并举，通过深入挖掘和凝练中华优秀传统文化的思想精髓，探索出其中真正具有人类共同价值和普适意义的思想，才能在复杂多变的国际形势中坚守好中华文化，推动其实现创造性转化和创新性发展。

中华文化蕴含诚信、和合、仁义、孝悌等核心价值，不但提供了独特的认知世界的框架和思想资源，也为构建全人类共同价值和构建人类命运共同体提供了化解难题、弥合分歧、形成共识、凝聚力量的元素。因此，中华文化国际传播要将中华文化作为一个有机整体进行战略性规划和系统性构建，力求完整、准确、生动地展示中华文化的内涵和特质，既彰显其独特的原创性，也展现其内蕴的世界意义，形成内聚力和外引力双重架构支撑下的中华文化认同。一方面，为努力实现民族文化现代化的转换，可以充分发掘中华文化的优势和精粹，使其与时代特征相适应，与现代文明相协调；另一方面，为更好在国际上传播当代中国价值观念，树立当代中国国家形象，可以在具体文化传播项目上重点支持汉语、武术、园林、文物、美食、春节等中华传统文化代表性项目，积极宣介戏曲、民乐、书法、国画等中国优秀传统艺术，让国外受众在欣赏过程中获得审美愉悦，感受中华文化魅力。同时，着眼长远，继承和弘扬中华优秀传统文化的哲学思想、人文精神、道德理念等，将中国倡导的"和平、发展、公平、正义、民主、自由"的全人类共同价值和"讲仁爱、重民本、守诚信、崇正义、尚和合、求大同"的中华优秀传统文化的时代价值熔铸为提升中华文化软实力的动因，推动中国从"有经济影响力的大国"向"有文化魅力的大国"转变，推动中华文化从"地方性知识"向具有全球性影响的"世界性知识"转化，为全球文化提供存在与发展的参照意义。正如杜维明先生所言，儒学是具有全球意义的地方性知识，儒家文化能否与基督教文化、伊斯兰文化等世界文化并驾齐驱，关键取决于它能否成功实现传统文化与现代性的接轨，以及与西方文化和世界文化的积极有效对话。①

衡量一种外来文化的意义和价值，要看这一文化对于对象国发展需求的满足程度。国外受众对于中华文化的理解和认同程

---

① 杜维明：《东亚价值与多元现代性》，中国社会科学出版社，2001，第19—25页。

度，便取决于中华文化对其生产生活需求的相互关联程度。从助力文明交流互鉴的视角出发，中华文化国际传播要引导中华文化真正在海外落地生根、开枝散叶，实现入乡随俗的本土化和共存共融的主流化，①努力降低中华文化走出去给所在国家原有价值理念可能带来的冲击乃至不安全感，始终在嵌入新环境时寻求自我调适和转化，致力于为当地多元文化和谐共生提供中华文化优质资源和美好价值，使中国智慧成为滋养他国日常生活与情感的人文养料和精神元素，②最终为人类社会建设美好精神家园注入生生不息的中华文化动力。

近年来，随着中国改革开放和文化强国建设的不断深入推进，语言推广与传播、文化教育与交流、文化贸易与投资并举的文化走出去新格局逐渐形成，中华文化逐渐突破语言和地域障碍、文化和意识形态差异，开放包容性日益增强。在当今世界"文化认知赤字"增多、"文明冲突陷阱"时有出现的情况下，中华文化国际传播需要不断深入洞悉国际社会对中国发展的文化认同程度和存在的误解隔阂，努力触达不同认知体系、思维体系和价值体系之间的共性，与世界文化发展趋势和变动相互契合。为找准中华文化在全球人文治理格局中的定位和作用，在连接和融入世界文化体系的过程中，应始终致力于以中华文化的"和""合"精神推动外部世界全面、客观、平和理性地了解真实、立

---

①　姚亿博：《让走出去的中国文化也能"余音绕梁"》，《光明日报》2018 年 1 月 25 日，第 7 版。

②　孙宜学：《中外文化共生：问题与对策》，《对外传播》2018 年第 7 期，第 55 页。

体、多元面向的中国。世界文化系统是一个整体，本身处在不断碰撞、融合和蜕变之中，不同文化之间的静态平衡是暂时的、外在的，而动态冲突则是永恒的、内在的。① 在文化交汇碰撞中，各种文化只有正确认识"我者"，广泛理解"他者"，在差异中求和谐，在多样中求共识，以跨越时空的文明成果，推动兼收并蓄的人文交流，力求形成多元文化的同声交响，人类文明发展才能源远流长。在此过程中，针对单边主义和文化霸权主义在国际文化交流中处于占优地位的现实，中华文化国际传播要通过倡导文明多样性，发挥中华文化润物无声的作用，以文化多边主义、文化包容主义对冲文化单边主义、文化中心主义和文化霸权主义，处理好文化主权与文化霸权、强势文化与弱势文化、西方文化与非西方文化、文化多样性与文化同质化、文化共享性与文化冲突性的关系，② 在统一与多样、独立与个性、"一"与"多"、自然与人性之间保持平衡。

此外，近年来，全球文化合作的规模、发展速度以及内容的多样性都远远超过了历史上任一时期。以国际文化协议为例，第一次世界大战前仅有 50 项，二战期间增加到 100 多项，二战后仅在 1945—1967 年签订的国际文化协议就多达 1000 多项。同时，各种国际文化组织纷纷建立，对于促进世界各国相互了解，深化和平发展，推动全球范围的政治、经济、教育、科技等领域

---

① 孙宜学：《中外文化共生：问题与对策》，《对外传播》2018 年第 7 期，第 54 页。
② 张耀军：《对新时代中华文化走出去的几点浅见——兼论中华文化"一带一路"国际传播的可及性》，《江淮论坛》2020 年第 1 期，第 144 页。

的国际合作都发挥着不可忽视的作用。① 参与国际文化组织合作，是中华文化国际传播的重要实践途径，也为处理与外来文化关系提供了实践平台。

---

① 孙英春：《跨文化传播学》，北京大学出版社，2015，第 385 页。

第三章
北京文化国际传播的实践路径

国际传播是国际行为体之间的信息传递和互动交往。现代意义上的大规模国际传播源于第一次世界大战，国际传播在二战后日益摆脱战争宣传工具的角色，在冷战后则日渐成为推动世界和平与发展的重要力量。作为一种信息和符号载体，国际传播连接着历史文化、价值观念、意识形态、国家形象、媒介资本以及传播信息技术等多个不同环节，已经成为一个国家或一座城市文化软实力的重要标志。北京文化国际传播旨在探索各个文化主体间可沟通性的北京路径，通过打造一种共享、开放、对话的传播交流模式，寻找传受各方共情的价值、经验与意义所在，进而优化北京形象和中国印象的国际传播实践。

第一节　战略方向

一、加强理念引领

北京文化国际传播要立足高点定位，通过关注世界人文发展先进和前沿面向，聚焦人类人文思潮、社会发展、制度文明、审美艺术的最新变化趋势，在世界民族之林特别是全球文化发展中发扬前瞻和创新意识，挖掘并传播北京文化蕴含的与人类社会共通的思想观念，为世界发展提供中国智识和贡献。要以服务国家改革发展和对外开放战略为根本，以促进中外民心相通和文明交流互鉴为宗旨，在相互尊重的基础上共同创造一种基于对象国历史文化与当代复兴需要的文明新形态，在捍卫自身文化价值与精神传统的同时，开拓人类文明发展的新空间和新态势，拓展人类现代化的新路径。要坚守人类文明多样性基本底色，坚持共商共建共享人文交流基本原则，坚持平等互鉴、开放包容、以我为主、兼收并蓄原则，以跨文化交流视角，尊重他者文化差异，诉诸文化共情，培育文化认同，实现文化对接，进行文化解码，降低文化折扣，致力于在共建人类人文共同体的进程中传播北京文化和中华文化。要反对任何形式的文明冲突、文明歧视、文明对抗、文明隔阂和文明不容忍，① 避免文化焦虑、文化冲击造成的文化休克 ② 。要在世界城市文化发展格局中凸显自身独有的价值，注重文化多样性，坚持自身主体性，把握文明创新性，构筑北京文化国际传播新文明叙事，在世界文化竞争中通过讲好北京

---

① 张耀军：《"一带一路"：人类命运共同体的重要实践路径》，《人民论坛》2017 年第 30 期，第 47 页。

② 1954 年，著名人类学家卡尔沃罗·奥伯格（Kalvero Oberg）首次在人类学研究中使用了"文化休克"（cultural shock）的概念。由于人们不熟悉新环境中的社会交往符号，需要面对许多新的感性刺激，就会在心理上产生一种深度焦虑，此即文化休克。文化休克受个体的适应能力、生活背景的差异以及与异文化接触的方式等因素影响，因时而异，因人而异。通常，人们原有文化认同越牢固，在异文化中产生文化休克的可能性越大，经历的休克程度也可能越深。参见：孙英春《跨文化传播学》，北京大学出版社，2015，第 314—317 页。

文化故事体现"和""合"中华文化精神,彰显大国首都文源深厚、文脉广博、文运昌盛的精神气质,不断扩大北京文化在国际上的竞争力、传播力和影响力。①

二、强化顶层设计

世界主要城市均重视制定文化发展战略,如 2004 年伦敦发布《伦敦文化之都:发掘世界一流城市的潜力》并持续予以更新,东京在未来发展规划中设有专门的文化发展战略,欧盟早在 1985 年便开始评选"欧洲文化之都"(时称"欧洲文化城市",1999 年改为现名)并出台"欧洲文化线路"计划,莫斯科发布《2012—2016 年莫斯科文化发展》等。② 作为一项长期性、系统性和复杂性的工程,北京文化国际传播要从提升中华文化软实力、助力北京建设国际交往中心的战略高度加以谋划,将北京建设国际交往中心的文化维度目标与中华文化走出去的国家总体文化发展战略结合起来,从对外人文交流和文明交流互鉴的视角打造"北京文化国际观",并立基于此规划国际传播进程。

北京文化既有传统文化底蕴又彰显现代文化魅力,对国内外文明发展都产生着深远影响。设计北京文化国际传播,要从空间维度上将北京文化放在全球文化的整体视域中进行考察,要从时间维度上将北京文化放在经济全球化的视角来看待,使北京能够

① 李建盛:《以习近平首都建设思想为指导推进全国文化中心建设》,《前线》2018 年第 4 期,第 16 页。
② 白志刚等:《北京文化"走出去"国际比较研究》,知识产权出版社,2013,第 242 页。

成为以文化为媒促进城市、国家和地区乃至全球和平发展的桥梁。

从文明交流互鉴和文化创新的视角，北京文化国际传播要对包括北京文化在内的中华传统文化进行创造性转化和创新性发展，深入挖掘北京文化所创造的物质层面的符号系统、行为层面的制度系统以及精神层面的价值系统，增强其包容力和兼容性，标示其传统与现代兼备的独特色彩，为北京文化国际传播奠定坚实基础。可以充分利用"一带一路"倡议带来的机遇，利用国内国外两种资源、两个市场提供的广阔空间，发挥北京作为大国首都的政治、人才和文化资源优势，推动北京在全球化的大趋势下以独特的文化形象跻身国际知名城市行列，凸显北京在中华文化国际传播中的引领作用。[①]

北京要立足大国首都实际，适应重大国事活动常态化，前瞻性谋划涉外文化设施和能力建设，努力打造国际交往活跃、国际化服务完善、国际影响力凸显的国际文化交往中心。[②] 为此，北京要进一步完善重大国事活动服务保障常态化工作机制，为重大国事活动安全组织提供"工作指南"；同时，系统梳理全市文化、旅游、科技、园区、企业等资源，建设涉外接待资源体系。利用城市更新和"疏整促"腾退资源，挖掘培育特色国事活动场所。依托中轴线、长城、大运河、西山、永定河以及特色胡同

---

① 吕小蓬：《跨文化视野下的北京文化国际推广——在京留学生的北京文化认同调查》，《中华文化论坛》2015 年第 3 期，第 11—18 页。

② 蔡奇：《努力打造国际交往活跃国际化服务完善国际影响力凸显的国际交往中心》，《北京日报》2019 年 9 月 4 日，第 1 版。

街巷、传统四合院等，塑造一批"小而美"的特色外交外事活动场所。① 此外，要创新对外文化交流布局，完善体制机制，改革各领域人文交流内容、形式、工作机制等，将人文交流与合作理念融入首都文化对外交往各个领域和各个环节。

有学者认为，首都文化治理体系是把北京建设成为全国文化中心、世界文化名城、世界文脉标志的制度安排。目前，首都文化治理体系的基本框架初步形成，可进一步优化提升首都文化功能的制度安排。② 循此思路，可积极探索建立北京文化国际传播联席协调机制，由负责对外人文交流的政府部门牵头协调学术界、民间协会、基金会和社团组织等多方配合，制定具有宏观战略性、科学指导性和实践操作性的总体规划，进一步明确北京文化国际传播的战略目标、实施对象、执行步骤、操作手段等，统筹协调北京与全球城市之间的国际人文交流活动。

三、坚定文化自信

文化自信是对文化的作用及其生命力、创造力、影响力的深度认同和执着信念，是文化主体性建设和文化自觉的高度体现。③ 坚定文化自信是消减文化自卑主义、民族虚无主义的基础，事关文化安全，事关国运兴衰，是深刻把握当前中国文化发

---

① 刘菲菲：《北京国际交往中心能量不断释放》，《北京日报》2021年4月22日，第1版。

② 于丹：《首都文化治理与全国文化中心建设》，《前线》2020年第5期，第62页。

③ 王林生、金元浦：《文化自信、文化协同与文化创新发展——2017年文化北京研究综述》，《北京联合大学学报（人文社会科学版）》2018年第1期，第31页。

展规律和对外开展人文交流的基本遵循。坚定文化自信，有利于将中华文化转化为人类文明不可或缺的精神元素，① 是开展北京文化国际传播的底气所在，对于参与世界文明对话、展示中华文化魅力发挥着重要的"定盘星"功能。

北京作为全国文化中心，是世界了解中华文化的重要窗口，更是树立中华文化自信的重要平台。从对外人文交流和国际交往中心建设的视角看，北京作为首都，荟萃中华优秀传统文化、革命文化、社会主义先进文化，融合古都文化、红色文化、京味文化和创新文化的内涵，本身具有文化自信的坚实基础。贯彻文化强国战略，以更具文化自觉意识的实践主体姿态推进文化自信，北京文化发挥着重要引领作用。

北京文化国际传播要遵循文化发展规律，践行文化自觉，在与时俱进的文化传承和创新中增强北京文化自信的自我发展能力和可持续创新能力；要开拓渠道，广泛开展国际人文交往，对他者文化予以尊重，对多元文化予以理解，在本土文化与异域文化的互动中取长补短，实现文化自信。同时，坚定文化自信既要摒弃文化自卑主义，破除对强势文化的"仰视心理"，也要反对文化自大主义或文化民粹主义，能够直面跨文化交流中存在的"文化逆差"现状，推动不同社会制度互容、不同发展模式互学、不同文明交流互鉴，把各国国情差异性和文明多样性转化成为促进互补发展的源头活水，为构建人类文化命运共同体贡献力量。

---

① 王岳川：《世界视域下的中国文化自信》，《前线》2017 年第 2 期，第 36 页。

四、梳理北京文脉

文脉是一座城市的精神及其生成演变的内在逻辑，是城市文化创造活动的源头活水，① 也是城市未来可持续发展的竞争力所在。梳理北京文脉，发掘城市文化资源，将凸显首都风范、古都风韵、时代风貌的北京城市特色整理出来，有助于再现北京城市的历史之魂、文化之源和精神之本，为北京文化国际传播提供强有力的智力支撑。从更广阔的层面考虑，加强包括北京文化在内的地域文化研究，深入分析北京地域文化的历史源流、丰富内容、人文特征和当代价值，有助于拓展中华文化研究的地域视角，使之成为"中华文脉"的重要来源、"中国形象"的重要内容。

作为民族文化和情感记忆的载体，历史文化是城市文脉的关键所系。北京独有的历史文化遗产是北京文脉、北京形象的直接体现。因此，北京文化国际传播要深入研究北京历史文化遗产内涵，树立理论导向意识和现实关怀精神，通过探寻北京特色文化风格，知悉北京特色社会形态及文化生态，激活北京历史文化遗产，最终将具有独特文化内涵的北京文化纳入作为整体的中华文化宏观格局。

为此，建议加大对北京区域史与地方文化的研究，注重发扬高等院校和科研院所在中外文化交流中的重要作用和可能潜力以及跨学科、跨亚文化研究的优势，朝着提升北京文化学术支撑、

---

① 张景华、董城：《北京如何绘就"西山文化带"》，《光明日报》2017 年 5 月 22 日，第 5 版。

丰富北京多元文化色彩这一方向深入推进，从多元视角深入挖掘北京文化。当然，城市文脉和文化传统的延续和转换是对文化基因的追寻与转换，不是表层文化符号的罗列和堆砌，而是深层问题的发掘和文化认同的培育。为此，要允许对北京文化文脉及其符号跨文化视野的多样态阐释和研究，同时也要根植于一定历史文化语境，这需要一个较长时间发展和积累的过程。

五、打造北京文化标识

城市文化标识是城市演进过程中所形成的特有历史文化印记，是城市气质的重要体现。在梳理城市文脉的基础上打造城市文化标识，有利于营造特色人文空间、塑造城市品牌、增强城市软实力。[1] 当前，世界主要城市的国际文化标识几乎都有着深厚的文化价值源泉，或源自历史传统，或反映时代进程，作为城市文化的外显，是民众情感与思想的表达。[2] 北京拥有丰富的历史文化资源，要抓住北京文化的"根"，找准北京文化的特色和优长，打造专属北京的文化名片，构建独有的北京文化之"魂"。为此，建议加大对传统和现代文化资源的深度挖掘和精品打造，形成具有代表性特征和国际影响力的北京文化价值体系和文化标识，锻造"北京形象""北京印记""北京符号""北京品牌""北京故事"，凝练对外文化传播的"北京经验"。

---

① 丛晓男：《在城市更新中延续城市文脉》，《人民日报》2021年1月13日，第17版。
② 宋小飞：《北京建设全国文化中心的建议——基于京津冀一体化及"一带一路"的双重视角》，《学理论》2018年第4期，第3页。

比如，作为一个有记忆的生命体，城市靠文化符号来延续记忆。城市文化符号是城市文化精神的象征，是城市文化最具代表性又最通俗易懂的外显层面。① 符号的解读或阐释过程即意义的建构和生成过程。人类创造符号以及符号互动的能力和范围，呈现了人类社会和文化的本质特征，即文化是通过符号传达意义的人类行为，是一种由象征符号构成的意义共享系统。② 一切人类的文化现象和精神活动，如语言、艺术、科学、宗教和神话等，都是在运用符号方式表达人类的种种经验。③ 从符号学的视角看，符号在文化之间架起桥梁，跨文化传播过程就是不同文化凭借各种符号行为所发生的自我与他者的交互影响。④ 作为意义表达与接收的工具，没有符号，意义既无法显现其自身，亦无法传达给受众。概而言之，没有符号，就没有文化，也难有跨文化国际传播。

2001 年，联合国教科文组织通过《世界文化多样性宣言》。该宣言提出，符号既包括语言符号，也包括非语言符号。非语言符号指的是传播中使用的除语言符号之外的所有符号，包括身体语、时间语、空间语等，是一种不见诸文字，但能够理解的"微妙代码"。⑤ 城市文化符号是能代表城市文化形态及其最显豁特

① 王一川：《北京文化符号与世界城市软实力建设》，《北京社会科学》2011 年第 2 期，第 4 页。
② 孙英春：《跨文化传播学》，北京大学出版社，2015，第 32、108 页。
③ 恩斯特·卡西尔：《人论》，甘阳译，上海译文出版社，2013，"中译本序"第 7 页。
④ 莱斯利·怀特：《文化科学：人和文明的研究》，曹锦清等译，浙江人民出版社，1988，第 31—32 页。
⑤ 孙英春：《跨文化传播学》，北京大学出版社，2015，第 133 页。

征的凝练、突出而具高度影响力的象征形式系统。作为传播媒介和载体，北京文化符号要将城市总体的文化精神、文化内涵、文化价值等系统有力地予以表达与传播。①

作为城市中重要的非语言符号，建筑是城市独有的标识要素，其所承载的历史文化、民俗文化、思想理念和宗教信仰是一个时代人文精神的集中体现，是城市个性中最直接、最易被感知的表现要素。提到北京，人们往往会想到胡同、同仁堂、天坛、大栅栏、北京人艺等。在北京城市发展史上，不同时代累积下来的胡同、牌坊、院落、民居、街道等构成了城市文明的基本形态。② 这些宝贵的文化遗产，不仅是活着的传统，更是代表城市独特性的历史文脉。北京文化和城市的现代化、国际化不能以破坏文化遗产和传统文化为代价，而要以历史遗存为载体，深入挖掘其中蕴蓄的更内隐的北京文化价值体系，让传统文化动起来、活起来，为北京文化、中国文化走出去提供灵动的文化符号。

同时，北京既应加强已有城市文化符号的维护与传播，赋能具有象征力量的历史文化符号；也应有意识地新建一些代表北京的新型城市文化符号，彰显北京富于生命力的鲜活城市文化，致力于创造出在时间维度上历史性与当代性并置、在空间维度上国家性与地方性交汇、在深层属性上物质性与非物质性共存的北京

---

① 曲茹：《北京文化符号的对外传播策略与世界城市建设》，载朱佩芬、裴登峰主编《北京文化传播策略研究》，中国社会科学出版社，2015，第 27 页。

② 袁瑾：《城市更新，别丢了文脉》，《光明日报》2019 年 7 月 17 日，第 13 版。

城市文化符号。① 为此，可以通过用户参与度、开发程度、国际用户口碑、中华文化体现程度等要素，利用大数据等现代信息技术，全方位系统梳理北京文化遗产，提炼出各个时期不同的文化特征，并结合当代设计理念和新时期文化观念，对传统文化开展专项提升转型研究。在此过程中，由于受众本身社会背景的多样性及对符号意义理解的潜在多义性，城市意象和符号的形成不仅应获本地民众认同，也需要得到海外受众认可。一般而言，受众对符号或信息的解读主要有以下三种方式：一是"主导式解读"，即完全顺从编码者在文本中赋予的主导意义"同向"地解读信息；二是"协商式解读"，即部分地基于编码者在文本中赋予的主导意义并结合自身的社会背景和当地情形折中地予以解释；三是"对抗式解读"，即对编码者在信息中提示的主导意义进行逆向理解并赋予符号或文本全新的意义。② 可见，不同受众对城市文化符号或标识的感知、理解和解读有所不同，因此要注重对不同受众文化心理特征的深入研究和具体分析。③

---

① 王一川：《北京文化符号与世界城市软实力建设》，《北京社会科学》2011年第2期，第4—9页。

② 编码理论是英国文化学派提出的传播理论，认为受众对媒介文化产品的解释和可能的接受与他们在社会结构中的地位和立场相对应。参见：李智《国际传播（第二版）》，中国人民大学出版社，2020，第64—65页；刘利群、张毓强主编《国际传播概论》，中国传媒大学出版社，2011，第39页。

③ 向勇、陈娴颖：《基于新都市主义的北京文化立市战略内涵探析》，《北京联合大学学报（人文社会科学版）》2014年第3期，第50页。

第二节　重点领域

一、发展文化产业

文化产业是以精神产品的创造、生产、交换和消费为特征的产业门类，是一国国民经济发展的重要支撑，也是一个国家、一座城市文化软实力的直观显现。不同国家或城市的文化明显反映在它们所制造的产品之中，即每个国家的技术和制成品都是该国文化的产物。[①] 根据意大利马克思主义者、意大利共产党创始人安东尼奥·葛兰西（Antonio Gramsci）的"文化领导权"思想（即一个社会中的支配性群体有能力对整个社会实施智力和道德上的引导作用），通过文化产品的生产、分配和消费可以形成世界观和价值观上的自愿认同和共识，这是一种"同意的生产"（production of consent）过程。在当今经济全球化的时代大背景下，国家间综合实力竞争比拼的重点日益向文化软实力倾斜，而文化软实力需要借助市场渠道和商业力量，这一点已经日渐成为全球文化发展创新的普遍性规则。文化产业作为经贸合作与人文交流的结合点，具有跨越文明之间的边界、达到文化价值与产业价值相互统一的属性。作为一种附加值高、可持续性强、健康稳定的绿色产业，文化产业是一流城市经济发展的主要文化资产。放眼全球，世界上其他文化发展先行型城市大多拥有自己的优势

[①] 森谷正规：《日本的技术——以最少的耗费取得最好的成就》，徐鸣等译，上海翻译出版公司，1985，第49页。

文化产业集群，如洛杉矶好莱坞电影工业集群、巴黎时尚产业集群、东京动漫文化产业集群等。再如，尽管英国在 20 世纪逐渐丧失了世界霸权中心的地位，但伦敦却通过文化创意引领城市转型升级并取得巨大成功，至今仍然是世界文化中心之一。

由此观之，坚持经贸合作与人文交流共同推进，实现经贸合作与人文交流有机统一，是推动北京文化国际传播的重要路径之一，也是北京文化国际传播坚实可靠的实体支撑。特别是"一带一路"倡议提出以来，共建国家丰富的文化资源、广阔的文化市场、方兴未艾的文化产业，已经成为中国文化贸易投资和产业国际合作的新领域，中国与共建"一带一路"国家间文化产业合作前景广阔。北京具有较强的文化资源聚合能力，积极参与"一带一路"建设，可以将北京特有的文化符号通过影视、展览、旅游、演艺等文化产品形式布局到"一带一路"产业链中。[1] 参与共建"一带一路"文化产业、文化贸易和文化服务，也将为提升北京文化软实力提供新的现实手段和有效途径。[2]

根据 2020 年 11 月北京市国有文化资产管理中心与中国传媒大学联合发布的《北京文化产业发展白皮书（2020）》，2019 年，北京规模以上文化产业法人单位共 5252 个，资产总计 20198 亿元，同比增长 5.6%；收入合计 13544.3 亿元，同比增长 14.4%。此外，全市文化贸易进出口额 72.8 亿美元，同比增

---

[1] 王林生、金元浦：《文化自信、文化协同与文化创新发展——2017 年文化北京研究综述》，《北京联合大学学报（人文社会科学版）》2018 年第 1 期，第 32 页。

[2] 李嘉珊：《北京文化"走出去"的理论探索与实践创新》，《人民论坛》2016 年第 8 期，第 90 页。

长 20.9%，其中文化产品进出口额 34.6 亿美元，同比增长 54.5%。2019—2020 年度，北京地区共有 75 家企业入选国家文化出口重点企业名单，数量居全国第一。① 文化产业已经成为北京重要的支柱性产业。另据 2022 年 7 月发布的《北京文化产业发展白皮书（2022）》，2021 年，北京文化产品出口额达到 19.36 亿美元。② 2022 年，在受到新冠疫情严重影响的情况下，全市规模以上文化产业实现收入约 18000 亿元，依然实现正增长，展现了北京文化产业高质量发展的良好态势。③

根据中国人民大学文化产业研究院发布的"2020 中国文化产业系列指数"（包括 2020 年中国省市文化产业发展综合指数、资本活跃度指数、投资吸引力指数以及国家级文化产业园区高质量发展指标体系），北京在全国省市文化产业综合指数中排名居首。其中，在生产力领域，2020 年北京文化企业注册资本超过 15 万亿元，高居全国榜首；在影响力领域，北京文化产业上市公司数量位居全国第一，品牌影响力等方面数据首屈一指；在驱动力领域，北京表现稳健，创新能力不断提升，商标数超过 70 万个。④ 另据中央财经大学文化经济研究院、北京文投大数据有限公司、新华网联合共同研究编制的"中国文化产业高质量发

---

① 李洋：《〈北京文化产业发展白皮书（2020）〉发布》，《北京日报》2020 年 11 月 29 日，第 2 版。

② 李洋：《〈北京文化产业发展白皮书（2022）〉发布》，《北京日报》2022 年 7 月 27 日，第 13 版。

③ 李洋：《〈北京文化产业发展白皮书（2023）〉发布》，《北京日报》2023 年 11 月 22 日，第 1 版。

④ 赵语涵：《北京文化产业指数排名连续五年居首》，《北京日报》2021 年 2 月 4 日，第 16 版。

展指数（2020）"，北京文化产业在总体规模、企业综合实力、居民文化消费、国际文化贸易等多项指标上领先，连续两年在全国文化高质量发展指数上排名居首。① 同时，作为设计之都、影视之都、演艺之都、音乐之都、网络游戏之都、世界旅游名城、艺术品交易中心、会展中心，北京文化产业呈现出高质量发展特色，有着进一步发展文化产业的良好基础。此外，据统计，截至2020年底，北京实体书店数量达到1938家，比2019年增加639家，北京每万人拥有0.9个书店，已超过纽约、巴黎、东京、多伦多、首尔、悉尼、莫斯科这7个国际城市平均每万人拥有0.85个书店的水平。②

但也要看到，北京文化产业集约化程度较低，创新创意要素分散，资源配置和产品生产效率较低，中小型文化企业融资难，文化产品贸易逆差明显，这些都一定程度限制了北京文化产业的国际竞争力。北京对外交往伙伴多为发展中国家，一些国家受自身经济社会发展水平和能力的限制，很少有专项资金用于对外人文交流，因此存在部分文化协定后续配套行动跟不上、项目资金不到位、计划搁浅等潜在风险或现实问题。此外，文化产业的发展是一个逐渐积累的过程，需要呼唤耐心、包容和多元。

具体建议上，走出去的北京文化产业既要能够彰显中华古老文明的文化内涵，也要能够体现当代中国改革开放伟大实践中的

① 《北京文化产业高质量指数全国居首》，人民网，2020年12月5日，http://bj.people.com.cn/n2/2020/1205/c14540-34457759.html，访问日期：2023年12月15日。

② 路艳霞：《2020年北京实体书店建设现场工作会举行》，《北京日报》2020年12月26日，第2版。

精神价值。为此，可借鉴世界先行文化城市的发展经验，进一步发展自身特色文化产业，打造"创意之城"，构建"高精尖"文化创意产业体系，通过推动文化创意产业升级，延伸文化产业阵地，把控文化发展制高点。

一是以现有文化创意产业集聚发展为基础，加快建设国际文化创意先锋城市，注重建设具有自主知识产权、国际水准和市场潜力的世界性文化精品，形成古雅而时尚、煌煌大气而富于朝气的北京文化国际品牌。重点发掘北京文化丰富资源，充分利用自身历史文化积淀，增强文化资源转化能力，将丰富的"固态化"文化资源转化为有创意的"可流动""便携式"文化产品，发展文化创意产业集聚群，打造文化走出去的核心产业和核心产品，提升文化产品的理念品质，改变以量取胜的旧有模式。[1]

二是加快落实《关于推进文化创意产业创新发展的意见》等举措，进一步从资金支持、人才培养、机制建设等方面加大对创意设计、文化旅游、时尚文化、数字文化等新型业态的支持力度，为文化产业健康发展提供政策保障，构建具有国际影响力的现代文化产业体系和文化市场体系。建立健全文化创意人才的培养、选拔、使用、引进和评价体系，实现创意人才的自由流动和创意机制，为北京文化国际传播提供人才保障。

三是加大"文化+科技"的双向深度融合发展力度，推动北京文化创意产业发展走上科技驱动的轨道，依托高新技术增强文化产品的感染力和传播力，同时强化文化对科技手段的内容支

---

[1] 马一德：《增强首都文化软实力》，《北京观察》2018 年第 1 期，第 37 页。

撑、创意和设计提升。重点扶持一批大型文化创意企业，加强对文化创意产业关键技术的研发，加大引进先进技术设备力度，提高北京文化创意产品的科技含量，借助文化创意产业之力向全球价值链高端攀升，以此不断培育文化产业发展新动能。

四是结合丝路文化国际合作，以生动丰富的文化意象串联起"一带一路"文化产品生产和文化活动的全过程，将对象国标志性的人物、故事、环境、风情、历史等有机结合起来，提升北京文化国际创新能力，增强北京文化产品对共建"一带一路"国家的吸引力。

五是稳步推进对外文化投资步伐，鼓励各类企业在境外开展文化投资合作，设立分支机构，建设国际营销网络，运用跨国并购、签署合作协议、设立海外分公司等多种方式，打造北京对外文化投资方式的多元化和体系化结构，①扩大境外优质文化资产规模。对文化创意资源进行整合，提高经营水平的集约化和产业的集中度，切实改变小规模和低水平的粗放式经营状态，积极发展跨行业、跨地区的大型国际文化创意企业集团，②新建一批集艺术表演、互动体验、时尚消费于一体的文化休闲空间，打造具有全球知名度的文化商业新地标，高标准实施对外文化重点工程项目。

六是坚持以企业为主体的市场化运营方式，引导文化企业利

---

① 郭万超、王丽：《北京加强"一带一路"对外文化传播路径研究》，《科技智囊》2018年第4期，第62页。

② 张国：《"一带一路"倡议下北京市对外文化交流的成效提升研究》，《南方论坛》2018年第8期，第75页。

用好各种资源，根据走出去地区实际，细分文化营销市场，实施差异化的文化品牌营销战略，在研发、制作、发行、衍生产品、售后服务、资本运作、品牌经营等方面实现在地化，积极构建完善的国际化产业链，① 促进优秀文化产品和服务进入国际市场。对于文化企业来说，要针对海外市场消费习惯、需求特点、服务方式等具体细致要求，加强走出去的整体规划和运筹，要尊重和应用国际表达方式，把北京故事、中国故事的灵魂与驻在地的表达融合起来。在推广优秀文化作品时，要调研消费国的历史、文化语境，减少文化折扣对文化贸易的不利影响。对于文化差异较大的国家和地区，在推动文化产品、服务走出去的同时，还要注重国际化的改编与创新。②

七是加强国际文化产业趋势发展的前瞻性研究，着力提升文化服务贸易在文化贸易中的比重，进一步优化北京文化贸易布局，③ 推进国家文化出口基地、国家对外文化贸易基地等建设，以顺应世界文化贸易发展趋势。④ 了解国际知识产权环境，切实提高知识产权风险防范意识，在创作、生产、运营等各个环节加强知识产权侵犯预警系统建设，制定应对知识产权侵权的行动方案，出台政策法规为文化企业海外知识产权保护保驾护航，尽量

---

① 宫玉选：《提升文化企业国际影响力　推动北京成为一流国际文化中心》，《前线》2018 年第 6 期，第 84 页。

② 蒋庆哲、夏文斌：《北京对外开放发展报告（2021）》，社会科学文献出版社，2021，第 72 页。

③ 孙乾坤、董博怀：《北京文化影响力综合发展水平评价及提升策略》，《城市问题》2021 年第 12 期，第 21 页。

④ 蒋庆哲、夏文斌：《北京对外开放发展报告（2021）》，社会科学文献出版社，2021，第 72 页。

避免在海外知识产权侵权中陷于被动境地，①努力在激烈的国际文化竞争中维护自身文化安全。此外，文化、美学与伦理的缺失正越来越成为制约文化产业发展的突出问题。为此，要深入挖掘北京文化资源打破跨文化传播障碍和意识形态壁垒的潜力，加强相关理论研究，为文化产业未来的高质量尖端发展探索理论支撑路径。

二、推进数字文化

当前，全球正在兴起新一轮科技革命和产业变革，5G、大数据、云计算、区块链、虚拟现实、人工智能、量子计算、智慧城市、元宇宙等变革性新技术、新业态在深刻改变人类物质生产体系的同时，也在打破原有文化样态和介质载体，深刻影响着人类行为、全球文化及产业发展。人类文化生活变得更为丰富多维、复杂多变，全球人文交流的广度、深度、强度、速度、多维性、复杂性、影响力和潜在增长点都远远超过了以往任何时代。世界正在进入以数字技术应用为代表、以虚拟社会为表现形式的"数字文化"时代，人类文明演进和全球人文治理体系变革将受到更多不确定性因素的影响，国际文化秩序变迁也将面临更多具有转折性意义的现实和挑战。

科技创新日益打破人类物理、生物界限，并改变信息在世界各地流动的方式，推动社交网络和媒体工具更容易、更深入地进

---

① 蒋庆哲、夏文斌：《北京对外开放发展报告（2021）》，社会科学文献出版社，2021，第73页。

入人们的日常生活和私人空间。全球跨文化交流拥有更多手段、渠道和动能，传统社会交往所赖以依托的地缘和物理时空弱化，去中心化的社会关系得以超时空延展。工业化时代形成的审美眼光和发展视界受到巨大挑战。以往，工业文明模式要求劳动者具有集体协作精神和一定纪律性，而数字文化模式则对人的个体性、创造性提出更高的要求。人类文明形态正在从工业文明时代的标准化、程式化、机械化、集中化，向现代信息文明时代的个性化、差异化、人本化、去中心化等价值取向发生转变。[①] 依托数字技术和信息基础设施的文化创意和文明交流日益成为城市发展的动力，文化创新性和创意独特性日益成为保持城市文化生命力的关键。比如，人工智能技术正从根本上改变文化内容生产、分发和变现过程，并由此提供了一种全新的文化展陈模式，彰显出人工智能技术赋能文化传播的"无边界想象"。[②]

《中华人民共和国国民经济和社会发展第十四个五年规划和 2035 年远景目标纲要》明确提出，要实施文化产业数字化战略，加快发展新型文化企业、文化业态、文化消费模式。这标志着，"实施文化产业数字化战略"正式写入"十四五"规划纲要。新冠疫情期间，数字文化产业在疫情防控和推动经济社会复苏发展中发挥积极作用，在抗击疫情过程中形成了新业态新模式，展现

---

① 张耀军：《全球文化治理的"一带一路"实践路径》，载沈湘平主编《京师文化评论》2020 年春季号（总第 6 期），社会科学文献出版社，2020，第 35 页。

② 北京市第 16 期局级领导干部研修一班：《推进人工智能与文化产业深度融合》，《北京日报》2019 年 8 月 19 日，第 14 版。

出强大的成长潜力。① 智慧医疗、远程办公、在线教育、网络购物、数字娱乐等"云端"需求激增，传统文化业态正在向"云端"转型发展，云看展、云演艺、云视听、云旅游等新模式不断涌现，加速经济社会发展的数字化进程。数字技术与文化创意为优秀文化意义的挖掘和阐发开辟巨大的成长空间和多种可能性，也为北京文化国际传播提供了崭新的合作领域和商业模式。

北京是全球最具创新活力的城市之一，顶级科技资源汇聚。当前，北京正在积极打造数字经济发展的"北京样板"，建设全球数字经济标杆城市，数字文化产业作为数字经济的重要组成部分和文化产业发展的重点领域，成为新的经济增长点。北京数字经济增加值已从 2015 年的 8719 亿元提高至 2022 年的 1.7 万亿元，占国内生产总值的比重由 35.2% 提高到 41.6%，年均增速达 10.3%。② 数字技术的最大效能只有在与人文精神的最优结合中才能得以最大程度释放。北京文化国际传播需要更好适应数字时代"交往在云端"的传播技术演进和媒介生态变局，加快推进文化与科技的数字化融合发展。目前看，北京推进数字文化发展具有如下优势：

一是北京数字创新优势明显，呈现聚集式发展态势。2020年 10 月，北京大学大数据分析与应用技术国家工程实验室发布《数字生态指数 2020》报告。从全国数字生态来看，北京数字生态总指数为 85 分，排名全国第一，其数字基础、数字能力和数

---

① 高晗：《以数字化赋能文化产业高质量发展》，《经济日报》2021 年 4 月 19 日，第 10 版。

② 曹政：《"数字北京"向未来》，《北京日报》2023 年 7 月 5 日，第 4 版。

字应用 3 项一级指标均表现突出，数字基础设施、数字技术创新、数字社会、数字安全、数字经济、数字人才等二级指标得分均超过 80 分，基本实现了小循环的数字生态。① 2021 年 1 月，中国科学院和北京市科委联合发布《2020 全球城市基础前沿研究监测指数》报告。报告围绕基础前沿研究的主体、主要内容以及生长点，从研究前沿热度指数、突破性成果、高被引科学家等 3 个方面构建了基础前沿研究监测指数的逻辑模型并进行监测分析。报告显示，北京跻身全球城市基础前沿研究世界前 20 位，位列第三。② 2022 年 12 月，施普林格·自然集团、清华大学产业发展与环境治理研究中心发布《国际科技创新中心指数 2022》报告。报告着眼于评估全球典型城市、都市圈、城市群的创新能力与发展潜力，通过科学中心、创新高地、创新生态 3 个维度的 31 项指标，对全球 100 个城市（都市圈）的创新能力进行评价，北京在全球国际科技创新中心中位列第三。③ 另据世界知识产权组织 2022 年 9 月发布的《2022 年全球创新指数报告》，北京在全球百强科技集群榜单中排名第三。④ 此外，根据英国《自然》杂志近年来发布的增刊《自然指数-科研城市》，北京连续多年

---

① 任敏：《北京数字生态总指数全国第一》，《北京日报》2020 年 10 月 11 日，第 3 版。

② 齐芳：《〈2020 全球城市基础前沿研究监测指数〉报告发布》，《光明日报》2021 年 1 月 23 日，第 4 版。

③ 王昊男：《〈国际科技创新中心指数 2022〉发布》，《人民日报》2022 年 12 月 21 日，第 12 版。

④ 孙奇茹：《创新高地：独角兽领跑产业变革》，《北京日报》2022 年 10 月 20 日，第 10 版。

蝉联全球科研城市首位。① 2021 年，北京全社会研究与试验发展经费投入总量为 2629.3 亿元，同比增长 13%。其中，基础研究经费投入达到 422.5 亿元，约占全国 1/4，占北京全社会研究与试验发展经费的比重为 16.1%，高出全国平均水平 9.6 个百分点，投入强度已接近发达国家水平。②

数据是基础性战略资源，也是重要的生产力。当前，北京正在构建多层级、安全、负责任的数据交易体系。2021 年 3 月，北京国际大数据交易所成立，同时上线北京数据交易系统，并成立北京国际数据交易联盟。该交易所是国内首家基于"数据可用不可见，用途可控可计量"新型交易范式的数据交易所，针对数据权属界定不清、要素流转无序、定价机制缺失、安全保护不足等一系列掣肘数据要素高效配置的问题，依托北京在隐私计算、区块链等领域的技术先发优势，将数据要素解构为可见的"具体信息"和可用的"计算价值"，并对其中的"计算价值"进行确权、存证、交易，为数据供需双方提供可信的数据融合计算环境。为推动数据要素市场化配置和数字经济高质量发展，交易所将以培育数据交易市场、释放数据要素价值为核心，从技术、模式、规则、风控、生态等 5 个方面进行全新设计，通过建立集数据登记、评估、共享、交易、应用、服务于一体的数据流通机制，打造面向全球的金融科技基础设施、数据交易基础设施

---

① 周卓斌：《自然指数：中国科研城市持续提升影响力》，《人民日报》2023 年 11 月 24 日，第 16 版。
② 陈雪柠：《北京国际科技创新中心建设跃上新台阶》，《北京日报》2022 年 9 月 10 日，第 1 版。

和国际重要数据跨境流通枢纽。[1] 北京国际大数据交易所的成立，有助于把中国海量的数据转换成真正的资源和生产力，通过探讨交易模式、探索交易规则、推动跨界流转、拓展交易场景，引领全国数据要素市场培育，打造数字经济时代的"新基建"。[2]

　　二是北京数字公司众多，数字头部企业相继涌现。独角兽企业是数字经济的先锋，是科技创新型企业的典型代表。独角兽企业引领产业变革、推动城市创新发展，是反映一个城市创新活力与实力的独特风景线。据胡润研究院 2020 年 8 月公布的数据，北京有独角兽企业 93 家，超过硅谷所在的旧金山（68 家），成为全球拥有独角兽企业最多的城市，是当之无愧的"全球独角兽第一城"。[3] 另据北京市工商联、北京科学技术研究院与北京政和民营经济发展研究中心联合发布的《2020 北京独角兽企业发展报告》，2020 年，北京 93 家独角兽企业总估值 26490 亿元，占全国独角兽企业总估值的 43.3%。[4] 近 10 年来，北京独角兽企业总数和市场估值持续攀升，全部分布在前沿新兴高科技领域，其中电子商务、人工智能、共享经济、健康科技、教育科技、新文娱、大数据、AI 专用芯片、机器视觉、智能语音、无人驾驶等领域企业数量最多，占比近六成，独角兽企业聚集式成

　　① 彭江：《北京加快培育数据交易市场》，《经济日报》2021 年 4 月 6 日，第 11 版。

　　② 潘福达：《引领全国数据要素市场培育　打造数字经济时代"新基建"——北京国际大数据交易所成立》，《北京日报》2021 年 4 月 1 日，第 1 版。

　　③ 孙杰：《北京 93 家独角兽企业总估值 2.6 万亿——"全球独角兽第一城"名副其实》，《北京日报》2021 年 4 月 2 日，第 1 版。

　　④ 孙杰：《北京 93 家独角兽企业总估值 2.6 万亿》，《北京日报》2021 年 4 月 2 日，第 1 版。

长充分体现北京科技创新实力。

人工智能是北京重点发展的高精尖产业之一。2022 年，北京人工智能相关产值规模约为 2270 亿元，同比增长 9.7%。[①] 据北京市经济和信息化局发布的《2022 年北京人工智能产业发展白皮书》，截至 2022 年 10 月，北京拥有人工智能核心企业 1048 家，占中国人工智能核心企业总量的 29%。[②] 截至 2020 年 6 月底，北京人工智能企业融资总额已超过 3000 亿元。[③] 据 2023 人工智能计算大会上发布的《北京市人工智能行业大模型创新应用白皮书（2023 年）》，北京是当前国内人工智能领域创新基础最好、人才资源最集中、研发创新能力最强、产品迭代最活跃的地区，现已拥有大模型创新团队 122 家，约占全国总量的一半（全国拥有 10 亿参数规模以上的大模型厂商及高校院所共计 254 家），居全国首位。另据会议期间发布的《2023—2024 年中国人工智能计算力发展评估报告》，北京连续 6 年蝉联中国城市人工智能算力第一。[④]

三是北京数字人才聚集，数字产业蓬勃发展。早在 2016 年，北京便发布了《北京市大数据和云计算发展行动计划（2016—2020 年）》，提出建设全国大数据和云计算创新中心、应用中心

---

① 孙奇茹：《北京今年人工智能产值预计达 2270 亿元》，《北京日报》2022 年 9 月 10 日，第 3 版。

② 贺勇、潘俊强：《北京人工智能核心企业达 1048 家》，《人民日报》2023 年 2 月 14 日，第 2 版。

③ 张航：《〈2020 北京人工智能发展报告〉发布》，《北京日报》2020 年 11 月 20 日，第 3 版。

④ 孙奇茹：《北京 AI 大模型数量全国居首》，《北京日报》2023 年 11 月 30 日，第 1 版。

和产业高地。经过几年持续发展，北京已经成为全国数字专业人才最为集聚的地区。北京人工智能领域核心技术人才超4万人，占全国的60%，北京已成为国内甚至全球首屈一指的人工智能产业人才中心。在人工智能创业人才中，有超过50%的创业人才毕业于北京高校，约40%的创业人才有在京企业工作经历。①北京人工智能等数字人才优势突出，拥有发展数字文化的先发机遇。

此外，北京通过制定人工智能与教育融合发展行动计划，明确了未来的发展目标，即通过推进人工智能与教育深度融合，把北京建设成为具有全球影响力的人工智能创新中心，使北京成为人工智能教育应用、人才培育、科技创新、国际人才发展高地。2019年2月，北京国家新一代人工智能创新发展试验区正式成立，这是中国首个国家新一代人工智能创新发展试验区。北京还布局建设10个国家新一代人工智能开放创新平台（全国共有24家企业获批建设国家新一代人工智能开放创新平台），明确将人工智能作为北京科技创新和产业发展的重点领域，加大人才支持力度，聚焦创新和技术，支持科学家开展原创性探索研究，全市重大项目、重大工程向人工智能技术和应用开放，努力构建智慧城市。北京大数据产业与实体经济融合应用示范也较为活跃，实体经济大数据应用占比较大，如大数据产业地图服务平台、空间楼宇和产业经济大数据研判体系、农业品种全产业链大数据平台等应用项目都发挥着重要作用。在自动驾驶方面，以北京经济技

---

① 张航：《〈2020北京人工智能发展报告〉发布》，《北京日报》2020年11月20日，第3版。

术开发区全域为核心的北京市高级别自动驾驶示范区，是全球首个网联云控高级别自动驾驶示范区，通过统筹"车、路、云、网、图"各类资源进行融合试验，形成城市级工程试验平台。目前，这一示范区正加快智能化设施布局，扩大应用场景，形成带动产业链发展的势头。2020 年，北京数字内容行业发展迅猛，其中动漫游戏产业总产值破千亿元，达到 1063 亿元，约占全国动漫游戏产业产值的 19.3%，已成为全国动漫游戏行业重要的研发中心和最大出口地。在数字视听方面，截至 2020 年 11 月，北京市影视企业数量达 11.6 万家，居全国榜首。①

四是北京数字文化建设与共建"一带一路"形成优势互补效应。据统计，"十三五"以来，北京与意大利、俄罗斯、古巴、奥地利等 4 个国家，在先进制造、数学、生物医药等领域合作建设 4 家联合实验室，并被认定为"一带一路"联合实验室；搭建"一带一路"技术转移协作网络，累计促成 7000 多项跨国技术对接，签约金额超过 1000 亿元；实行"藤蔓计划"，帮助 1200 余名国际青年学生创新创业。② 在此背景下，发展数字文化一方面有助于北京实现"老城市新活力"的人文迭代更新，为北京自身发展聚集更为强劲的文化新优势，另一方面也有助于北京完善多层次创新合作体系，打造"一带一路"技术创新网络重要节点。

下一步，在发展举措方面，北京可以充分运用新一轮科技革

---

① 鹿杨：《北京动漫游戏产业总产值破千亿，成全国最大出口地》，《北京日报》2021 年 3 月 17 日，第 4 版。

② 曹政：《推进"一带一路"高质量发展五年行动计划出炉——北京将打造丝路创新合作枢纽》，《北京日报》2021 年 12 月 19 日，第 1 版。

命和产业变革的成果，以发展数字经济、建设智慧城市和数字城市为契机，大力建设数字文化城市，将数字文化建设融入数字经济、智能社会、数字政府建设之中，全方位发展数字文化。① 在此基础上，可将文化产业与数字技术深度融合，加大对"文化+科技""文化+数字""数字+出版"等新业态新模式发展的支持力度，利用民众乐于接受的网络数字文化方式传播北京文化，打造北京文化的创意数字文化产品，丰富北京文化适合全球传播的网络数字表达形式，用民众喜闻乐见的数字化方式传递北京文化理念。这对于北京建设国际交往中心，推动北京文化国际传播具有重要的数字时代意义。

在国际合作方面，数字技术正在加紧重塑城市运行模式和产业新体系，全球上千座城市启动或者正在建设智慧城市，覆盖欧洲、北美、日韩等多个地区。北京可利用自身优势，以建设具有全球影响力的国际数字首都为目标，在建设智慧城市方面与其他城市开展合作，打造全球智慧城市网络，重点交流发展智慧交通、智慧市政、智慧教育、智慧医疗、智慧养老等方面的经验和做法，提升城市治理、经济发展和民生等领域的智能化水平。北京还可探索建设"数字丝绸之路"经济合作试验区，推动与共建国家城市在新基建、大数据、云计算、电子商务、物联网、人工智能等领域的深度合作，提高北京数字文化产品的国际市场竞争力；鼓励数字零售、数字教育等在共建国家扩大场景应用，促

---

① 范恒山：《文化构建提升首都城市治理水平》，《北京日报》2021 年 12 月 6 日，第 14 版。

进智慧物流、移动支付等服务业持续发展；① 开展"丝路电商"行动，打造全球文化艺术展示交流交易平台、国际文化贸易跨境电商平台等交流合作平台；推进"一带一路"文化贸易与投资重点项目展示活动。此外，北京数字文化企业走出去要坚持国际化战略，积极融入全球产业体系；加大研发投入，更加重视技术创新，构建以北京为核心的国际化开源社区；积极履行企业社会责任，让所在国民众有更多实实在在的获得感。

从加强自身数字文化建设方面发力，北京可考虑制定数字文化产业发展专项规划或专项行动计划，从立法、金融、税收、中介服务等多个方面给予北京文化企业更多支持，从政策上推动数字文化产业高质量发展；② 进一步整合政府资源与市场优势，搭建服务平台，构建良好数字创新生态，促进资源要素高效流动和资源优化配置，激发各类主体创新活力，大力挖掘数字文化产业发展潜力；进一步加大数字技术与文化发展相互融合意识，聚焦数字创新创意设计，发展人工智能赋能文化产业等关键数字技术，发展科技文化产业园区及产业发展联盟，在业态融合下加速构建新产业链，建立数字文化产业体系；发展微交易、视频点播、订阅式音乐流等新领域、新业态，形成以数据驱动为核心、以内容平台为支撑、以商产融合为主线的数字化、网络化、智能化发展模式，鼓励通过数字载体和形式向海外受众讲好北京故

---

① 曹政：《推进"一带一路"高质量发展五年行动计划出炉——北京将打造丝路创新合作枢纽》，《北京日报》2021年12月19日，第1版。

② 王广燕：《提升数字文化产业"新消费"》，《北京日报》2021年1月24日，第11版；蒋庆哲、夏文斌：《北京对外开放发展报告（2021）》，社会科学文献出版社，2021，第205—207页。

事；① 加大研发投入，加大培养"文化+数字技术"复合型人才，强化数字创意人才队伍建设；加大数字版权保护力度，主导制定更多数字内容产品标准；推进公共图书馆、文化馆、美术馆、博物馆等专门场所的数字化改造与建设，发展数字创意、网络视听、数字出版、数字娱乐、网络直播、数字非遗展示等专项业态；② 加快传统出版企业数字化转型，推动信息技术、内容渠道、资本市场等要素融合发展；推动对外文化贸易基地与数字文化产业聚集区"双区联动"等；③ 推动数字技术赋能历史文化遗产，为历史文化资源保护和利用方式的突破创新开拓路径。

值得一提的是，北京可充分利用高等教育资源集中的优势，建设适应新一代数字技术发展的人才培养体系和科技创新体系，在市属高校设置"文化+数字技术"本科专业，如演艺工程、数字媒体、智能艺术等，鼓励大型文化企业与高职院校合作，形成产学研联盟，定向培养服务文化产业的人工智能技术人才。在走出去方面，建议充分发挥北京在数字内容产业方面的优势，鼓励通过投资并购、版权合作、联合运营等方式实现数字文化企业的海外业务拓展；在尊重"一带一路"共建国家文化主权与文化安全关切的基础上，加快以互联网、广播、电视台为代表的文化信息技术与传播基础设施的建设和对接，有序参与丝路文化传播

① 李小牧：《以文化贸易提升首都文化经济国际影响力》，《北京观察》2020 年第 9 期，第 16 页。
② 范恒山：《文化构建提升首都城市治理水平》，《北京日报》2021 年 12 月 6 日，第 14 版。
③ 魏薇：《北京多举措扩大文旅消费》，《人民日报》2020 年 6 月 12 日，第 12 版。

与交流合作的重要渠道建设。①

三、培育文化品牌

文化品牌不仅是文化企业的名片，体现企业的行业高度和专业水准，还能反映一座城市、一个国家高质量发展的趋势，是城市和国家文化软实力与时代价值的象征。根据 2021 年 12 月正式发布的《北京市推进"一带一路"高质量发展行动计划（2021—2025 年）》，北京将聚焦文化、旅游、教育、医疗、体育五大领域拓展国际人文交流合作。北京文化国际传播可以该行动计划为指导，围绕国际交往中心建设，把握发挥 2022 年北京冬奥会及其辐射效应的时机，按照"文化引领、商业支撑、文旅带动、产业融合"原则，打造北京韵味、国际标准的文化品牌，培育具有创新创意的文化精品，不断提高文化品牌定位和增值能力，向世界展示北京文化蕴含的中国价值。

此外，立足推动文化走出去、旅游引进来，还可借助文化和旅游融合的大趋势，充分发挥旅游业的拉动力、融合能力，探索把北京文化内涵和文化体验融入旅游业，增强旅游、商业的文化附加值，扩大文化、商业资源的旅游开放度，培育新业态，打造有趣、生动、具有京味文化的独特文旅产品。在数字文化旅游方面，建议加快培育壮大新业态新模式，围绕新一代信息技术领域，结合云游戏、数字音乐等场景需求，搭建国际化协同创新

---

① 田蕾：《"一带一路"背景下首都文化"走出去"的路径选择》，《市场论坛》2018 年第 10 期，第 72 页。

平台。

文化遗产具有鲜明的文化价值属性。北京文化国际传播可以通过历史景观、文字标识、数字影像等多种手段讲好北京文化遗产背后的中国文化故事，传播北京文化遗产和中国文化理念，塑造文化品牌。

全球公认的文化中心如纽约、伦敦、巴黎和东京等是全球最重要的文化产品生产、发布和交流中心，建议积极借鉴上述世界城市打造文化品牌的经验和做法，同时在人文交流过程中熟悉和参与相关国际规则的制定，抓抢话语权，提升引导力。

培育北京文化品牌还应重视对北京文化特色的探索乃至中国文化精神的追求，在跨国家、跨民族间的交融与互动中挖掘北京文化品牌的专属气质；建立符合文化品牌发展要求的配套政策、金融和市场体系，加强品牌培育和商业模式创新。为此，可出台相应政策支持文创企业品牌建设，推动文创企业增强品牌意识，加大品牌建设投入。同时，着眼锻造外向型文化企业，鼓励新兴业态文化企业通过资本市场规范发展、做大做强，重点支持行业领军企业、高成长型企业和特色文化企业发展，加快提高文化产品、服务、技术、资本输出能力和影响力。

四、加大语言文化建设

语言是文化的载体，跨文化传播离不开语言助力。在世界多极化、国家现代化、城市国际化的进程中，语言文化建设已经成为一种重要的语言生活和社会实践。加强语言文化建设已经成为各国降低交易成本以促进经济发展，夯实话语能力以提升国际影响，推进跨文化交流以促进民心相通的重要手段。

对于北京文化国际传播而言，国际交往语言环境建设日益成为推进国际交往中心功能建设的重要内容，更是彰显北京文化底蕴、体现城市对异国公众友好包容、提升北京文化和中华文化亲近感和吸引力的重要手段。北京文化实现国际传播，首先需要自身打造开放包容的城市语言环境和文化形象。这也与北京"努力打造国际交往活跃、国际化服务完善、国际影响力凸显的国际交往中心"总目标的要求相契合。

据统计，截至 2023 年 2 月，北京全市 435 个政务服务中心设立 369 个外语办事窗口、7700 个外语标识牌，配备 349 名外语服务人员、255 个外语服务交流设施，组建 50 支外语导办团队，可以提供英语、法语、西班牙语等多语种服务。这些窗口广泛分布在市、区和镇街三级政务服务中心，与过去外籍人士只能到几个指定政务服务中心办事咨询形成鲜明对比。截至 2022 年底，全市各级政务服务中心已累计提供外语帮办服务 5 万多人次，服务企业近 1.5 万家。北京还设立多语言呼叫中心，为 12345、110、120、119 等公共服务热线提供 8 个语种的第三方电话翻译服务。北京市政府国际版门户网站推出 8 个语言版本服务，覆盖范围扩大至 201 个国家和地区。全市设立 8 家国际医疗试点医院，50 余家医院初步实现外语全流程服务。此外，《公共场所中文标识英文译写规范》系列地方标准发布实施，收录高频词条 2203 条，为全市外语标识翻译定下"模板"。北京市政府外办会同相关部门明确列举全市应当设置使用外语标识的公共场所和信息种类，其中涉及公共场所从 773 处增加至 832 处。[①]

同时也要看到，北京外语设施和服务的供给能力与城市对外开放和国际交往中心功能建设的要求相比还有一定差距，仍然需要大力优化国际化大都市和国际交往中心建设所需要的外语环境。例如，公共服务领域外语服务供给和能力有待提升，外语标识设置使用需要进一步规范，社会主体参与的积极性需进一步调动等。[②] 英语普及与熟练度与城市的人才储备、科研能力等软实力因素息息相关。2023 年英孚英语熟练度指标（EF EPI）显示，中国大陆的英语熟练度指标得分为 464 分，在 113 个国家和地区中排名第 82 位。[③] 纽约、伦敦两大英语城市的国际交往中心人才竞争力排名分别位列世界第一和第二，而英语普及度较高的城市（如阿姆斯特丹、哥本哈根、巴黎）均排在世界前 20 名。[④] 再以北京文博资源为例，经过对北京 133 家博物馆外语使用情况的调查，仅就博物馆名称而言，有 41 家博物馆没有任何形式的官方英文译名，占总数的 30.8%；有 92 家博物馆没有任何形式的外文（英文）网站，占比达 69.2%。[⑤]

2021 年 11 月，《北京市国际交往语言环境建设条例》（以下

[①] 范俊生：《优良语言环境扮靓首都"国际范儿"》，《北京日报》2023 年 2 月 21 日，第 3 版。

[②] 《〈北京市国际交往语言环境建设条例〉解读》，《北京日报》2021 年 12 月 6 日，第 5 版。

[③] 《2023 版更全面的全球成人英语熟练度指标》，英孚教育网，2023 年 11 月 21 日，https://liuxue.ef.com.cn/epi/，访问日期：2023 年 12 月 10 日。

[④] 蒋庆哲、夏文斌：《北京对外开放发展报告（2021）》，社会科学文献出版社，2021，第 115 页。

[⑤] 王建荣：《北京文化遗产英译研究》，北京交通大学出版社，2019，第 10—11 页。

简称《条例》）获得通过，并自 2022 年 1 月 1 日起实施。《条例》将国际交往语言环境建设工作纳入国民经济和社会发展规划和计划，是中国首部关于语言环境建设的地方性法规。《条例》适应北京国际交往中心功能建设加速推进的形势需求，以语言服务便利化为切入点，着眼提升城市国际化服务水平，明确规范了多项外语公共服务内容，并着重对外语标识等进行规范化管理，旨在建设用语规范、服务便利、交流顺畅的有利于对外开放和交流交往的优良语言环境，更好保障国际交流交往的顺利进行，进而推进国际交往中心功能建设。①

从更精细、更直观的城市治理角度看，语言景观以公共标牌为载体，是现代城市不可或缺的一道"风景线"，也是公共空间话语权竞逐的重要阵地。因其能够集中展示城市语言服务的国际化水平及其对多元文化的包容程度，它所承载的柔性建构作用不容忽视。②城市语言景观不仅表达着城市，而且积极参与着城市功能的建构，既是城市软实力的标志，也是提升城市软实力的重要手段。③鉴于此，有必要持续大力提高语言标牌的信息可读性及译文准确度，从工具性和人文性层面构建一致、连贯、规范的语言景观，实现标牌语言国际化，打造能为世界"读懂"的语言景观。建议以《条例》为据，从北京建设国际交往中心的战

---

① 陈丽湘：《语言环境建设立法，提升北京"国际范儿"》，《光明日报》2021年 12 月 2 日，第 2 版。
② 巫喜丽、战菊：《打造"一带一路"亮丽语言风景线》，《光明日报》2019年 7 月 27 日，第 12 版。
③ 卢德平、艾宇琦：《语言符号是城市活力的象征》，《中国社会科学报》2021年 5 月 18 日，第 4 版。

略高度出发，继续把城市语言景观纳入城市治理体系和治理能力提升范畴，开展系统的城市语言形象建设；从加强语言服务和语言管理的层面改善语言景观，深入研究城市语言景观中语言文字的类型、大小、颜色、位置以及与周边环境的协调关系等，用公共标牌文本塑造开放包容的城市形象，使其更好服务于城市认同及国家形象的培育，增强相关国家和地区人民对北京文化的理念认同和情感认同。为此，相关部门可明确外语标识的内容规范和译写规范，将外语标识管理纳入牌匾标识设置规范；定期组织编撰、修订公共场所外语标识译写地方标准、语料库和使用指南等，并向社会公布；定期通报使用外语标识译写不规范甚至是错误的案例情况，提出符合规范的译写方式，提供指导性服务；在外语标识译写时要请外语专家审核把关，从源头避免错误。①

除了外语标牌等语言景观，还可采取以下措施做细北京城市国际交往语言环境的"内功"建设：市民服务热线和紧急服务热线提供必要的外语翻译服务，政府外事部门等会同热线工作机构为开展翻译志愿服务活动提供必要条件；鼓励志愿服务组织、机关企事业单位、外语专业人士和在京外籍人员开展或者参与外语志愿服务活动，继续提升普通市民的对外交流水平和国际化意识；博物馆、美术馆、展览馆、景区等根据需要提供外语导览和讲解服务，交通、商业等服务企业根据需要开发网站或者移动互联网应用相关内容的外语版本，明确民用机场、火车站和大型国际活动承办、接待场所等公共场所在设置中文标识时应当同时设

---

① 汪涓：《推进公共场所外语标识规范使用》，《北京日报》2021年7月26日，第11版。

置外语标识，以此持续增强窗口行业的外语服务能力，不断加强多语言服务网络的建设，真正形成优良的、有力支撑对外文化交流的国际语言环境；在组织大型活动、就医、应对突发事件、建设引进境外人才聚集社区等方面提供必要的外语便利化服务，针对不同语种、不同文化背景的外国在京民众进行语言定制服务，特别是在重大突发传染病疫情期间，以此提升外国民众对北京的感情黏度。

从对外交往视角看，北京文化国际传播还要考虑以下方面的语言文化情况：

一是促进语言互通。相关部门可探索构建具有北京城市特色的对外语言交流互通机制，制定国别和区域语言服务平台、数据库等，开辟多层次语言文化交流渠道，推动与世界主要国家城市的语言文化交流；将国际中文教育纳入北京城市对外语言交流整体规划，以城市外交视角加大汉语国际推广力度，推动更多国家将汉语教学纳入国民教育体系，支持孔子学院加大汉语国际推广；加强"一带一路"共建国家或城市的语言文化国情及现状调研，建立语言文化应急救援和舆情监测机制；加大北京文化国际传播外语人才特别是非通用语人才的培养，着力培养既熟悉中国国情和北京市情又了解当地文化，既掌握政策又精通语言的多层次复合人才，全力打造熟悉国际通行规则、具有开阔国际视野、适应全球竞争、擅长开展跨文化交流、具备高素质技能的语言人才。

二是关注语言文化安全。北京文化国际传播不仅要懂得交往对象国的语言，更要了解语言背后隐藏的风俗习惯、历史传统、社会心理、文化意识、宗教信仰和民族关系等，要在了解历史文化的基础上把握其思想观念和价值内核，实现从语言到文化，从文字到思想，从概念到情感的路径演进，达到深层次的民心相通。为此，保持高度的语言敏感性是北京文化国际传播语言互通建设发展的内在要求。比如，在与共建"一带一路"国家交往中，与相关国家政策对接、项目合作、日常沟通时，要妥为应对多元文明、文化差异所暗含的潜在风险，通过有效的语言沟通和适度的文化敏感性化解分歧、管控冲突，让语言做沟通的润滑剂而不是冲突的催化剂，避免因顾及不周或处置不当可能造成对丝绸之路精神的误读①和对"一带一路"倡议的误解。

三是发展语言经济。北京文化国际传播可进一步探索将语言资源转换为文化资源和资本来源的可能性和可行性。在平等互尊、互利共赢的前提下，利用交往国语言文化资源开发特色创意产品和旅游产品，打造具有鲜明特色的语言、文字和文化经济形态，既发展语言经济，也保护语言文字，实现语言文化、旅游经济双赢的效果，通过语言产业进一步拉紧与相关国家经济利益纽带。②

五、保护并善用北京历史文化遗产

文化遗产是指与人类活动有关的自然和人工遗迹，是先人创

---

① 孙吉胜：《国家外语能力建设与"一带一路"的民心相通》，《公共外交季刊》2016 年第 3 期秋季号，第 53 页。

② 梁昊光、张耀军：《"一带一路"语言战略规划与政策实践》，《学术前沿》2018 年第 10 期，第 101 页。

造并遗留下来的文化财富，是对人类影响最为直观、最具感染力的文化符号，① 也是一个国家和民族文明延续的内在脉络与创新创造的动力源泉。② 保护文化遗产对于维护世界文化多样性具有十分重要的意义，对于维护中华文化独特个性，塑造中华文化赖以生存和发展的精神支撑也十分重要，因此也是北京文化国际传播需要关注的问题。理论上，每一种文明都具有独特性，正如梁启超所言："凡一国之能立于世界，必有其国民独具之特质。上自道德、法律，下至风俗、习惯、文学、美术，皆有一种独立之精神。祖父传之，子孙继之，然后群乃结，国乃成。"一种文化的独特魅力和生命力度取决于三个要素：文化的特色和个性、文化的交往度以及文化的先进性和整合功能。③ 北京文化的特色和个性就在于北京丰富的历史文化遗产，它不仅是前人留下的宝贵文化财富，也是新时代北京文化创意发展的源头活水。作为国家首都和历史文化名城凝聚融汇、传承积淀的文化宝藏，北京历史文化遗产充分体现了中华民族的传统文化、伦理观念和哲学思想，是中华文明源远流长的伟大见证。

城市历史文化遗产是不可再生的宝贵资源，因此在城市更新过程中应处理好发展与保护的关系，要将历史文化遗产保护纳入城市整体发展战略，推动城市更新与保护融合发展。作为世界著名古都，丰富的历史文化遗产是北京的一张"金名片"，传承保

---

① 王建荣：《北京文化遗产英译研究》，北京交通大学出版社，2019，第 1 页。

② 郑丽琦：《坚定文化自信 讲好文化遗产保护的中国故事》，《光明日报》2021 年 1 月 15 日，第 6 版。

③ 向勇、陈娴颖：《基于新都市主义的北京文化立市战略内涵探析》，《北京联合大学学报（人文社会科学版）》2014 年第 3 期，第 49 页。

护好这份宝贵的历史文化遗产是首都的职责，古都北京更要处理好城市改造开发和历史文化遗产保护利用的关系，切实做到在保护中发展、在发展中保护。2017 年 9 月，《北京城市总体规划（2016 年—2035 年）》第一次将"老城"的概念写入北京历史文化名城保护体系。2020 年 8 月，《首都功能核心区控制性详细规划（街区层面）（2018 年—2035 年）》（以下简称《核心区控规》）发布，北京历史文化街区占核心区总面积的比重由22% 提高到 26%，占整个老城面积的 38%。中共中央、国务院关于对《核心区控规》的批复中强调："……加强老城整体保护。北京老城是中华文明源远流长的伟大见证，具有无与伦比的历史、文化和社会价值，是北京建设世界文化名城、全国文化中心最重要的载体和根基。严格落实老城不能再拆的要求，坚持'保'字当头，精心保护好这张中华文明的金名片。加强老城空间格局保护，保护好两轴与四重城廓、棋盘路网与六海八水的空间格局，彰显独一无二的壮美空间秩序。以高水平的城市设计强化老城历史格局与传统风貌，形成传承蕴含深厚历史文化内涵、庄重典雅的空间意象。扩大历史文化街区保护范围，保护好胡同、四合院、名人故居、老字号，保留历史肌理。以中轴线申遗保护为抓手，带动重点文物、历史建筑腾退，强化文物保护及周边环境整治。……"[1] 2021 年 3 月，新版《北京历史文化名城保

---

① 《中共中央　国务院关于对〈首都功能核心区控制性详细规划（街区层面）（2018 年—2035 年）〉的批复》，中华人民共和国中央人民政府网站，2020 年 8 月27 日，https://www.gov.cn/zhengce/2020-08/27/content_5538010.htm，访问日期：2023年 5 月 15 日。

护条例》开始实行。条例首次明确全域保护，扩大保护范围，特别突出老城保护，再次强调严格落实老城不能再拆的原则，提出保护老城整体格局，彰显平缓开阔、壮美有序的整体空间秩序。① 可以看到，北京严格落实"老城不能再拆"的要求，既注重谋划空间布局，又注重谋划功能布局，坚持城市保护和有机更新相衔接、内涵挖掘和活化利用相统一、保护传统和融入时代相协调，成为保护并善用北京历史文化遗产的有效路径。但在借助"金名片"建构和传播北京文化的自觉意识方面，特别是如何利用"金名片"更好对外传播北京文化，需要系统性思考和前瞻性设计。

2021 年 8 月，《北京市"十四五"时期历史文化名城保护发展规划》提出了"十四五"时期北京历史文化名城保护工作的总体思路、具体目标，梳理了主要任务清单和政策体系。根据规划，北京将强化老城空间秩序管控，重点推进中轴线申遗保护工作。每个城市都有属于自己的地域特点、文化特征和环境特色，古都北京最重要的特点、特征和特色就是贯穿城市南北的中轴线。北京中轴线是指北京老城（明清北京旧城）的传统城市中轴线，南起永定门，北至钟楼，贯穿老城南北，全长约 7.8 公里。这条中轴线形成于元代，历经明、清、民国至今，成为中国悠久城市文明的历史见证，是世界上迄今为止经由人工设计建造现存最长、保存最完整的城市中轴线，与古都城市发展史一脉相

---

① 高枝：《〈北京历史文化名城保护条例〉3 月 1 日施行——把老城整体保护作为重中之重　年内公布首批革命文物名录》，《北京日报》2021 年 2 月 27 日，第 3 版。

承，被誉为"世界城市建设史上的奇迹"，代表着东方文明古都规划建设的最高成就，①彰显着中华文明"天人合一"的空间观、时间观。作为构建明清北京城营造体系的重要基准，北京中轴线是传统中国政治与礼制文化的物化载体，是彰显中华文明演进轨迹的活态标本，还是中国核心文化基因的延长线。②早在2011年6月，北京便启动中轴线申报世界遗产文物保护工作，目前已经编制完成《北京中轴线申报世界遗产名录文本》，发布《北京中轴线保护管理规划（2022年—2035年）》，基本确定了北京中轴线的遗产构成和遗产环境范围，将中轴线保护区域划定为遗产区、缓冲区，并首次明确了区域具体范围边界。③同时，《北京中轴线风貌管控城市设计导则》印发，并以此为基础指导中轴线申遗综合整治工作，在申遗过程中实现对中轴线和北京老城的更好保护。2020年，中共中央、国务院关于对《核心区控规》的批复中明确，"中轴线以文化功能为主，是体现大国首都文化自信的代表地区。推动老城整体保护与复兴，使之成为体现中华优秀传统文化的代表地区"。目前，中轴线申遗文本已基本定稿，文本格式也已初步通过联合国教科文组织世界遗产中心审查。④下一步，建议在中轴线申遗保护过程中，以沿线世界文

---

①　单霁翔：《期待北京中轴线的美好未来》，《光明日报》2019年8月21日，第7版。

②　王学斌：《讲好"北京中轴线"历史文化遗产故事》，《光明日报》2023年1月10日，第2版。

③　施芳：《北京中轴线保护管理规划公布实施》，《人民日报》2023年1月31日，第12版。

④　陈名杰：《以中轴线申遗保护为契机推动老城保护复兴》，《北京日报》2022年2月25日，第22版。

遗产为核心，串联起本区域内其他零散的重点文物和重要历史场所，在整体性保护原则的基础上构建世界级文化典范地区，①使中轴线历史文物和文化资源焕发时代活力，彰显独一无二的壮美空间秩序。在此过程中，北京文化国际传播要注重归纳总结中轴线具有"突出普遍价值"的文化特点和文化内涵，加大北京形象塑造和国家对外传播维度的考量，使北京中轴线申遗成为展示中华文明精神标识，进而在世界舞台上通过讲好北京中轴线故事讲好北京文化故事和中华文化故事。

每个城市都是一个开放的空间体，蕴含着丰富的文化记忆与表征。有学者用地理学的方法阐释了北京权威性和非权威性记忆空间、集体和个人记忆空间在表达和传承间的关系，认为北京权威性记忆空间的传承具有优势，非权威性记忆空间的传承则带有创造性活力，而所谓非权威性的空间与人们普遍的日常生活、工作密切相关。②比如，胡同、四合院等日常空间在当下已成为历史印记，这些文化遗产因为有着鲜明的北京文化符号意义，在外国人眼中也具有较高的北京文化辨识度和认同度，是最能代表北京文化古都气息的城市符号，也是北京历史文化发展演化的重要舞台，在展示北京文化方面发挥着独特作用。在保护城市历史文化遗产过程中，既要保护遗产的外在物质形态，也要保护并培育其内在的文化价值。为此，北京要积极发展街巷文化，恢复具有

---

① 陈昱霖、刘雁琪、刘俊清：《文化规划视角下北京世界文化遗产保护管理研究》，《自然与文化遗产研究》2019年第8期，第8页。

② 周尚意、成志芬、夏侯明健：《记忆空间表达及其传承研究——以北京西四北头条至八条历史文化保护区为例》，《现代城市研究》2016年第8期，第11—16页。

老北京味道的街巷胡同，提供更多可休憩、可交往、有文化内涵的公共空间，吸引更多国外游客；要在街巷文化发展规划中纳入对外传播的因素和视角，注重将北京文化的魅力在胡同等具象物质中予以良好展示，达到润物细无声的传播效果。同时，不局限于对文化遗迹物质空间的叙述，还可以在此基础上进一步注重从理念层面塑造北京文化的国际形象，帮助国外受众在认识北京人文景观的同时感受北京文化精神。①

　　根据《中共北京市委关于新时代繁荣兴盛首都文化的意见》②，北京要着力涵养历史与现代、传统与时尚、质朴与绚丽兼具的北京城市文化韵味，留住北京独特的城市记忆，建设国家历史文化保护传承利用的典范地区。加强非物质文化遗产保护，传承具有北京特色的技艺、医药、饮食、地名③等，把更多富有价值的老字号、老物件留住，这是北京文化走出去的重要支撑和特色看点及吸引力来源。支持京剧、北京曲剧、京韵大鼓等发展，加强京味文学素材挖掘和转化。梳理北京杰出人物、特色风物，保护好北京方言、北京雨燕等城市文化符号，做好史、志、文化档案等编纂，推进文化典籍、口述史、民间传说等整理出版

---

　　①　吴奇志：《北京形象国际传播的媒体表达——以部分中外主流媒体历史文化遗产报道为例》，《中国记者》2019 年第 7 期，第 117 页。

　　②　《中共北京市委关于新时代繁荣兴盛首都文化的意见》，《北京日报》2020 年4 月 10 日，第 1 版。

　　③　2021 年 8 月，《首都功能核心区传统地名保护名录（第一批）》公示发布，北京首批 583 处传统地名列入保护名录初选名单。从地名产生时期看，元代 2 处，明代 153 处，清代 379 处，民国 47 处，当代 2 处。对于进入保护名录的传统地名，北京市将建立全流程审批机制，严格审批程序，任何单位和个人不得擅自更改保护名录内的传统地名。

和视听化呈现，丰富城市记忆表达。稳步推进大运河、西山、长城三条文化带保护发展，重点打造相关文化精华区，依托三条文化带建设构建历史文脉和生态环境交融的整体空间结构，在精致、特色上下功夫，以线带面，守住北京这座千年古都的"城市之魂"。比如，对于长城文化带的保护，多年来侧重对长城建筑本体的抢修和开放设施的建设，而对长城深层次历史文化内涵的挖掘还需加强。考虑到长城在世界文化遗产中的地位，建议建立北京（全国）长城文化带资源数据库，加强长城博物馆内涵建设，以更加全面系统地展示长城文化。

六、挖掘丝路历史文化遗存

共建"一带一路"为北京文化提升国际影响提供了历史性契机。丝绸之路作为东西方古老文明交流汇聚之路，沿线历史和文化遗产资源十分丰厚。北京应深度对接"一带一路"倡议，充分利用"一带一路"中外人文交流机制、渠道等资源优势，积极开展对外文化交流活动，不断开拓北京文化国际传播实践路径。

不同文化各自具有的丰富外在样态是"形"，是文化交流的载体，而文化交流的"神"是不同文化之间，特别是传统文化之间具有共通性的核心和灵魂。作为丝路文化的回归，"一带一路"促使人们更多地思考古老文明的内核及其现代意义。北京深度参与"一带一路"人文交流亟须共同的文化载体作为交流与合作的桥梁，为此尤其需要重视研究当地的文化传统，促进不同民族之间包括传统文化在内的文化交流，并进一步挖掘传统文化新的生命活力，实现其"神"与"形"的现代统一。北京文化国际传播要善于利用共建"一带一路"国家的历史和人文遗存，以各国传统文化为切入点，深入挖掘共建国家传统文化中的共同性元素，在差异融合、异质重构中实现优秀传统文化的融合创新发展，找到其中适合于当今时代的共鸣点，凝聚形成民心相通的文化合力，为北京文化国际传播奠定良好的人文基础。

北京可进一步梳理共建"一带一路"国家历史上的各类文化遗产和传统文化，联合共建国家共同构建文化遗产保护平台，共同保护丝路文化遗产，唤醒与共建国家沟通和联系的文化基因和共同记忆。[1] 建议召集历史、地理、考古、文化、艺术、民俗、传播等各方面专家学者，整合高起点、多学科、全方位的研究团队协同合作，从文艺创作、文化旅游和教科文交流等角度进行深入挖掘，探索文化遗产统筹保护和合理利用模式。特别对共建国家发展状况、文化传承、异质文化交融与冲突、文化创意产业与创新等展开调研，拓展文化交流传播的新视野和新体验，并在北京文化创意产品中融入上述因素，借此扩大北京文化包容性和影响力。建议制定"北京丝路历史文化遗产保护与利用工程计划（行动纲要或文化专项）"，对北京具有历史记忆价值的丝路史迹和遗址进行全面梳理、系统保护。同时，相关人员也要对北京在参与"一带一路"倡议过程中可能面临的文化风险保持关注，避免文化分歧造成文化隔阂，影响北京文化"一带一路"国际传播。

---

① 郭万超、王丽：《北京加强"一带一路"对外文化传播路径研究》，《科技智囊》2018 年第 4 期，第 64 页。

第三节　传播方式

传播是一个从传播者到受众的信息流动过程，是人类生活中最具普遍性、最为重要和复杂的方面。[①] 信息的传播过程即发出者将信息通过传播渠道传递给信息接收者并产生影响、形成形象的过程。根据传播技术学派开创者哈罗德·伊尼斯（Harold Innis）的观点，文明的兴起和衰落同占支配地位的传播媒介高度相关，一切文明都靠对空间领域和时间跨度的控制而存在，而任何一种媒介都具有空间或时间上的偏向性，从而决定着文明的不同走势。传播媒介在任何社会中都极大地支配着社会组织形态和人际交往形式，开发和控制传播媒介由此成为社会权力争夺的重要手段和形塑全球权力格局的关键途径。[②]

人类社会的进化历史，也是一部媒介产生信息、传递知识和塑造形象的历史，媒介的作用对形象的塑造至关重要。最早将"形象"概念引入城市学科、提出"城市形象"的美国城市学家凯文·林奇（Kevin Lynch）在其专著《城市意象》（*The Image of the City*，亦可译为《城市形象》）中提出，城市形象的主要构成要素包括道路（paths）、边界（edges）、区域（districts）、节点（nodes）和地标（landmarks）5个要素，并首次强调城市形

[①]　斯蒂芬·李特约翰：《人类传播理论》，史安斌译，清华大学出版社，2004，第4页。

[②]　李智：《国际传播（第二版）》，中国人民大学出版社，2020，第28页。

象与人的感受密不可分，是通过人的综合"感受"而获得的。①城市形象是国际社会对于一座城市印象、看法、态度和评价的相对稳定的总体反映，是这座城市综合实力的外在体现和国际声誉资本。良好城市形象是良好国家形象的表征。北京作为中国的首都以及政治文化中心，其整体风貌和社会进程影响到外媒对于中国形象的认知。②

毋庸讳言，受多种因素影响，北京在国际上的形象还存在一定负面维度和认知。从历史原因看，近代以来，中外人文交流总体上呈现西学东渐有余、东学西渐不足的状况。中国在世界上的形象很大程度上仍然是"他塑"，而非"自塑"，中国话语、中国声音在国际上依然不够强大，仍然存在信息流进流出的"逆差"，中国真实形象和西方主观印象的"反差"，软实力和硬实力的"落差"，以及人文交流上的"文化逆差"，国外受众对中国还知之不多、知之不深、知之不实。这些问题在北京文化国际传播实践中也有不同程度的反映。从现实来看，外媒目前重点关注北京在社会、生态环境、政治、文化体育、医疗卫生等领域的议题，不少西方媒体仍然戴着"有色眼镜"去塑造北京形象，过于强调北京作为中国政治符号的意义，而对于北京这一具有鲜明地域文化特色的中国国际都市存在很大的局限性认知，反映出

---

① 李星儒：《北京城市意象的影视传播》，载朱佩芬、裴登峰主编《北京文化传播策略研究》，中国社会科学出版社，2015，第100页；刘俐莉：《城市宣传片中的北京形象研究》，载朱佩芬、裴登峰主编《北京文化传播策略研究》，中国社会科学出版社，2015，第158页。

② 喻国明、胡杨涓：《外媒话语构造中北京形象的传播常模（上）》，《对外传播》2016年第10期，第49页。

在社会历史、文化习俗等方面的差异，以及难以避免的意识形态偏见和对冲突性话题的偏好。① 具体而言，近年来，外媒对北京的经济议题关注较少，对生态环保议题关注较多，文化体育类议题的正面报道则相对最多、负面报道最少。总体来看，北京形象在国际社会尚不够丰富、全面和立体，仍存刻板印象。②

跨文化国际传播是一项在不同国家和文化之间传递价值观、态度、观点和信息的过程，也是创造、维持或改变认同③的过程。在全球社会文化多元的背景下，人们的生活选择和价值判断往往是由情感认同决定的，认同由此影响城市形象构建和国家形象树立。认同是一个传播过程，传播是认同的"外显"，认同则在传播中得以实现。④塑造或改变认同是一个复杂漫长的过程，重在走进受众内心，激起情感共鸣；重在双向良性互动，久久为功。作为对接不同文化之间关系和社会交往活动的认同博弈行为，跨文化传播需要以开放的心态积累博弈知识与技能，需要不断有效提升传播能力建设。1972 年，戴尔·海姆斯（Dell

---

① 徐剑、董晓伟、袁文瑜：《德国媒体中的北京形象：基于〈明镜〉周刊 2000—2015 年涉京报道的批判性话语分析》，《西安外国语大学学报》2018 年第 2 期，第 57—60 页；吴奇志：《北京形象国际传播的媒体表达——以部分中外主流媒体历史文化遗产报道为例》，《中国记者》2019 年第 7 期，第 118 页。

② 喻国明、胡杨涓：《外媒话语构造中北京形象的传播常模（下）》，《对外传播》2016 年第 11 期，第 44 页。

③ 英语中的"认同"（identity）一词源于拉丁文 idem，主要有两层含义：逻辑学意义上的同一性，时间跨度上的一贯性和连续性。现代心理学意义上的认同概念公认由弗洛伊德提出，即个人与他人、群体或被模仿的人物在感情上、心理上趋同的过程。参见：Richard Jenkins, *Social Identity* (London: Routledge, 1996), pp. 3-4；孙英春《跨文化传播学》，北京大学出版社，2015，第 15、235—236 页。

④ William Gudykunst, ed., *Theorizing about Intercultural Communication* (Thousand Oaks: Sage, 2005), p. 19.

Hymes）首次提出"传播能力"概念，即在一定的社会环境中恰当使用语言的能力和知识。传播能力涉及构筑完整的社会关系的传播方式，不仅包括使用语言的能力，还包括心理、社会文化等方面的判断能力。① 从跨文化传播的视角看，传播能力展现了行为主体在不同的传播环境下恰当、有效并有创意地运用认知、情感、语用等资源的能力。② 北京文化国际传播需要不断打磨跨文化传播能力。

一、传播战略

作为一种跨语言、跨文化、跨国界的信息交流，国际传播有助于构建文化认同，促进文化变迁，推动文化发展，但也会遇到价值观冲突、偏见、种族中心主义或民族中心主义等一系列跨文化交流问题。可以说，深层次影响和限制国际文化传播效果的正是文化之间的差异。因此，要从战略高度提升北京文化国际传播的地位和重要性，注重研究传受双方的文化情景、文明差异，力求跨越文化障碍、文化差异，构建有效的北京文化认同，进行有效的跨文化沟通交流。有学者认为，作为来自不同语境的个体或群体，传播双方只有信息重叠量达到70%才算同文化传播，低于70%则是跨文化传播。跨文化传播作为一种符号交换过程，只有双方之间创造出一种共享意义（shared meaning）才会形成

---

① Dell Hymes, "On Communicative Competence," in John Pride and Janet Holmes, eds., *Sociolinguistics* (London：Penguin, 1972), pp. 269-293.

② 孙英春：《跨文化传播学》，北京大学出版社，2015，第331页。

有效传播。① 为此，北京文化国际传播要遵循对外文化传播规律，注重研究不同文化、历史和语言的背景与差异，建立高效灵活、贴近对象国当地文化特点的本地化传播模式，了解各个国家的特殊性，尊重每个国家的差异性，充分考虑受众文化心理需求的多样性；要通过战略谋划明确目标定位、重点任务、科学方法和具体措施等顶层设计，注重操作性和实效性，以保证文化走出去的有序性和有效性；要从城市外交视角加强中外人文交流综合传播能力整体建设，向世界展示一个开放、多元、包容的北京和一个可信、可爱、可敬的中国。

二、传播方向

在服务国家形象构建战略的基础上，北京要着力展现这座历史悠久而又生机勃勃的大都市融入全球化、现代化的进程，诠释包容多元的城市气质以及由此产生的独特魅力与强大吸引力。为此，北京文化国际传播可以适当改变以往单一的、静态的、刻板的传播方式，构建国际传播大格局，建构综合的、动态的、多元的对外传播方式，形成立体、多维、高效的集成性文化传播网络，打造官民共同参与、多向多元互动、内外协调一致的传播体系。这是一项系统工程，特别要关注传播方式方法的改善，避免单向度的自我表达和强制性的价值灌输，变非均衡态势下的"单向线性传播"为平等主体间的"双向多维互动"，实现由

---

① Stella Ting-Toomey, *Communicating Across Cultures*（New York：The Guilford Press，1998），p. 21.

"硬宣传"向"软交流"的转变，① 不断提升传播内容的丰富性、传播技巧的灵动性和传播效果的有效性，增强北京文化国际传播的亲和性和感染力。

三、传播内容

传播内容是国际传播过程的中心要素，也是影响国际传播效果的最重要的因素之一。②"内容为王"的国际传播往往受到语言差异和文化隔阂的限制，不仅意味着要将一种语言文字转换成另一种语言文字，还意味着要以对象国受众能够接受的话语方式和表现形式进行传播。③ 为实现传播主体与受众之间的语言转换和文化对接，加强话语建设尤为重要。按照话语分析理论的观点，"人与世界的关系就是一种话语关系"④。话语不仅是单纯的语言学概念，还是一种知识、意义或权力的生产方式。话语不仅反映和描述社会实体与社会关系，还建构社会实体与社会关系，日益成为一个呈现权力关系和意识形态斗争的场域。强势话语既是权力运作的结果，还可以转化成为权力，成为对言说者权力和地位的隐性认同和标识。⑤ 北京文化国际传播在话语建设方面要坚持内容为王、价值为尊和文化为魂，深入挖掘北京文化基因和

---

① 李建军：《中华文化走出去新视角》，《新疆师范大学学报（哲学社会科学版）》2015 年第 4 期，第 87 页。

② 李智：《国际传播（第二版）》，中国人民大学出版社，2020，第 218 页。

③ 程曼丽：《国际传播学教程》，北京大学出版社，2006，第 2 页。

④ 王治河：《福柯》，湖南教育出版社，1999，第 159 页。

⑤ 诺曼·费尔克拉夫：《话语与社会变迁》，殷晓蓉译，华夏出版社，2003，第 3 页。

精神气质，突出北京文化的地域特色和中国特色，以北京话语和国际表达打造中国价值观念，构建北京文化国际传播话语体系。

任何话语背后都蕴含着特定的文化内涵，话语符号的编码（输入意义）和解码（输出意义）都需要通过"文化过滤"来进行。[①] 要实现良好的传播效果和顺畅的文化对话，需要文化的对接，即文化的亲近、移情和融入，话语方式只有同受众的"理念模式""思想体系"相吻合，才有可能减少跨文化传播中信息的损耗和流失，降低国际传播的文化折扣率。为此，北京文化国际传播话语体系要进行创新，推动理论探索和学术繁荣，注重丝路文化遗产、民族艺术、风俗习惯等与内在的传统文化有机融合，内容与形式兼备，化繁为简，把复杂深刻的内容以简洁直观的方式传播表达。在传播内容设计上，北京文化国际传播应注重对接对象国的社会文化习俗和通行的认知、规范和价值体系，提高话语输出准确度，注意消弭话语偏见、文化误读、跨文化冲击造成的负面情绪等影响。在深挖优秀文化资源内涵和价值的基础上，北京文化国际传播应创新表达方式，努力创造富有历史底蕴、民族特色、时代气息的优秀文化产品，并与国际市场受众需求有机融合，提升国外普通民众对于北京文化的接受度。

四、传播路径

在基于互联网技术、数字技术和智能终端的新媒体时代，海量信息流动于"没有时间的时间、没有空间的空间"，国际传播

---

① 李智：《国际传播（第二版）》，中国人民大学出版社，2020，第177页。

不断迈入全球、全民、全媒体、全业态传播的状态，国际传播的双向互动性、传受主体间的平等性以及媒介"去中心化"的趋势日益显现。① 为此，北京文化国际传播有必要用好各种传播渠道，构建全方位、多层次、宽领域、覆盖面广、功能强大的传播格局，形成深具特色和优势的对外传播模式，让中华文化通过北京特色以多渠道、立体化的方式高效走出去。一是做大做强"互联网+人文交流"新模式，针对数字时代多元、虚拟和独立的社交媒体全时态、全空间传播对传统传播方式造成的挑战和冲击，充分发挥大数据、云计算等数字技术以及数字传媒、社交媒体、移动互联等新媒体的作用，实现实体与虚拟交流的相互补充，形成全媒体、互动式和个性化的传播。二是加强信息的收集、甄别、加工和共享工作，建立人文交流数据库和案例库，发挥信息流带动技术流、资金流、人才流和物资流的潜力，展示北京跨文化传播的广度、活跃度以及形式的多样性，提升对外传播的针对性和实效性。三是"新老结合"，用好中医药、中华美食、中国功夫、中国园林等"传统文化名片"以及移动支付、共享出行、中国高铁、网络购物等"现代文化名片"，精心培育和打造一批受欢迎、可持续的传播品牌项目。四是细化传播载体和传播形态，运用大众传播、群体传播、人际传播等方式，加强精准传播、"草根传播"、新媒体传播等新业态传播，实现传播渠道多元化、传播流程精巧化、传播形式多样化。五是善于借助"外嘴""外脑"进行传播，充分利用对象国的媒体、语言进行在地

---

① 李智：《国际传播（第二版）》，中国人民大学出版社，2020，第101页。

化传播，鼓励专业化、国际化的社会组织和民间力量参与具体人文交流项目的运作和传播。

五、传播平台

北京文化国际传播应充分运用城市政府间文化交流的平台和机遇，深化友好城市交往。例如，办好品牌文化活动，积极联合知名文化企业、社会组织、智库和社会机构等成立对外文化传播、拓展渠道和平台；充分发挥驻外文化机构和北京友好城市所在的驻外使领馆的作用，全面了解相关国家历史文化和对外人文交流状况，增强北京文化国际传播的针对性、有效性和影响力。麦肯锡咨询公司认为，国际一流媒体因其具有较高的知名度、世界品牌度以及较好的经济效益，能够很好地履行引导社会舆论、提供教育服务等公益责任。[①] 因此，相关部门可以加大中国国际主流媒体建设力度，精心设置议题，提升信息供给和对外传播能力。

六、传播主体

国际传播主体是开展和实施国际传播活动的自觉、自主性实体，是信息的发起者和调控者。作为信息的发起者，国际传播主体是传播活动的起点，决定着传播内容的取舍与处理；作为信息的调控者，国际传播主体掌握着传播工具和手段，把控着传播受众的范围，是事实上的国际传播活动中心所在。随着人类社会的

---

① 王雪野：《新媒体发展与国际传媒秩序重构》，《今传媒》2011 年第 3 期，第 26 页。

发展和信息传播技术的改进，国际传播从早期主权国家占绝对主体地位发展成为多种行为主体共同参与的进程，传播主体多元化日益成为国际传播的基本特征。[①] 推动形成政府引导、企业和社会及媒体参与、市场运作的多元主体协同推进的国际传播态势，是北京文化国际传播主体构建的目标所在。北京文化国际传播要注重协调好多元合作主体的利益，知其虑、知其需、知其忧，根据实际需求和实践经验不断调整完善，实现众多主体由自发到自觉、由零星分散到系统协同集成的转变。以发挥留学生主体作用为例，近年来，北京不断扩大教育对外开放，优化留学环境，吸引了越来越多的国际学生来京求学，北京已成为亚太地区重要留学目的地之一。北京高校的留学生不但数量众多，而且类型层次较为全面，可以以深化北京文化认同为目标，采取措施吸引这些留学生群体参与北京国际交往中心建设和北京文化国际传播进程，充分发挥其主体作用。随着"一带一路"建设的推进，参与"一带一路"项目的中资企业对外籍人才需求持续增长，引导在京留学生毕业后到相关企业就业，一方面可以使留学生群体共享"一带一路"发展红利，另一方面也可以使企业借助留学生熟悉双方文化与资源禀赋特征的优势，从而高效开展合作项目。[②]

[①] 李智：《国际传播（第二版）》，中国人民大学出版社，2020，第107—109、217页。

[②] 谭洁：《从培养储备人才、打造共同发展平台和丰富国际传播话语体系三方面推进——加强北京国际传播能力建设》，《北京日报》2021年7月26日，第11版。

七、传播受众

传播内容的选择、传播形式的创新都要充分关注到不同国别、不同语境、不同人群的差异，只有与受众的心理期待和情感需求相吻合，北京文化国际传播才能达到"润物无声"的良好效果。早期，国际传播研究将传播视为一个线性过程，将受众视为被动的信息接收者。20世纪60年代以来，"受众本位论"逐渐兴起。时至今日，人类社会逐渐迈入受众自主提供传播信息和以共享为主的"去中心化"自媒体时代。受众各自不同的利益诉求、价值取向、宗教信仰和审美爱好，及其差别化和个性化的信息接受心理和媒介接触习惯日益引人瞩目。求新、较真、实用、从众以及自我实现等复杂多样的心理变化使受众行为呈现明显的分散性、流动性和异质性等特征。作为一个庞大、匿名的集合体，受众逐渐成为国际传播进程和国际社会建构中的权力结构极之一。① 这种明显的主体性和能动性使受众群体日益从"意义的接受者"转向"意义的生产者"。在触媒行为中，受众既接收信息也生成信息，既参与国际社会的建构也实现自我认同建构。随着信息传受界限的模糊和传受双方身份转换的趋易，信息的意义不再仅由传播主体决定，更需要受众的解读才能充分显现出来。在面对外来文化时，受众会根据"本地文化坐标或框架"进行解码和再诠释，对同样的信息和符号会根据自身的需求和兴

---

① 刘利群、张毓强主编《国际传播概论》，中国传媒大学出版社，2011，第122页。

趣作出不同的接收、接受和认同反应。①

北京文化国际传播要充分考虑海外受众的信息接受习惯和意愿、利益和价值取向等群体特征以及其所处国家的国情、文化、价值观念和生活习惯等特点，细分对象国传播主体和受众的"生活空间"和"经验范围"，实现传播对象精准化分类和施策，以"一国一策"甚至"一国多策"为导向制定有针对性的国际传播方案。建议积极与国内外传播机构和研究院所合作，开展北京城市国际形象全球民意调查，加强深度研究，了解目标受众对北京文化和北京国际形象的认知，深入分析国际受众的思维方式、文化理念和价值观念等。这样既可以有针对性地开展国际传播，又可以节约成本、提高效率。北京文化国际传播要加大"一带一路"国别和区域研究，加大对发展中国家、小国、非通用语国家的研究，以此洞悉对象国的历史文化、国风民俗、文化市场和文化贸易状况，确定重点目标群体，努力做到国别传播、精准传播、小众传播和差异化传播。北京文化国际传播还要关注具有影响力的海外（社交）媒体、在京外国人群体、共建"一带一路"国家知名文化人士群体等。这些群体思维活跃、喜爱交往，

① 根据传播学理论，受众不是抽象的概念，而是彼此间有着很大差异的群体。从受众对传播者的重要程度看，受众可划分为重点受众和一般受众；从受众对传播者的态度出发，受众可分为顺意受众、逆意受众和中立受众；从受众行为的发展过程看，受众可分为潜在受众、知晓受众和行动受众；从传播活动的层次看，受众可分为个体传播受众、组织传播受众和大众传播受众；从是否为媒介明确的传播对象看，受众可分为核心受众和边缘受众；等等。参见：李智《国际传播（第二版）》，中国人民大学出版社，2020，第 68 页；程曼丽《国际传播学教程》，北京大学出版社，2006，第 179—186 页；张朝霞、黄昭文《文化传播学》，中国人民大学出版社，2019，第 95—116 页。

应关注他们的文化需求变化，"影响有影响力的人"，并在分析各个群体特点和差异的基础上，制定相应的北京文化对外传播策略，增强与受众之间沟通的实效性和黏合度。①

此外，特别要关注新媒体环境下的"数字原住民"——青少年群体，他们正处于探索世界的进程之中。北京文化国际传播要着眼长远，多聚焦青少年群体的国际人文交流活动，加强不同国家的青少年通过国际教育、科学、旅游、创新经济项目等多种方式互动交往；改变以往以面向成年人为主的人文交流策略，针对青少年群体的个性化需求，重新定位文化产品的内涵和产品特性，更加关注当代中国社会发展各领域的成就和人们生活方式的变化，重视时尚文化对青少年具有亲和力的一面，既让他们领略到古老北京的传统魅力，更让他们感受到当代北京的繁荣与活力；② 改进传播互动方式，通过国家形象宣传片、网络游戏、影视作品等，用碎片化的社交媒体语言展示北京文化和中华文化形象，增进青少年群体的文化认同感。

八、传播人才培养

由于人与城市之间的文化同构性和文化气质的契合度，受众对北京的感受和印象是从人与城市的文化一体感中自然生发的，这是培养跨文化交际人才以及传播北京文化和北京形象的起点所

---

① 郭万超、王丽：《北京加强"一带一路"对外文化传播路径研究》，《科技智囊》2018 年第 4 期，第 66 页。

② 陈少峰：《打造推动北京文化走出去的强大引擎》，《前线》2014 年第 5 期，第 91 页。

在。① 2017 年，北京在全国率先设立"一带一路"国家人才培养基地，重点支持共建"一带一路"国家高端人才、教育管理专门人才、高端技术技能人才来京学习，为共建国家科技发展、教育合作、文化交流等领域输送人才。北京文化国际传播可依托"一带一路"国家人才培养基地平台，尝试制定专门的北京文化国际传播人才规划，着力打造精通相关国家语言、熟悉国际通行规则的高端复合型人文交流人才，使其成为人类文明互鉴的实践者、人文沟通理解的促进者、国际和平发展的推动者。对于拓展人才培养的途径和渠道，一方面可"请进来"，扩大海外杰出青年来京留学、工作的规模，合作共建一批类型广泛、辐射力强的产教融合培训基地和培训中心；另一方面可"走出去"，开展多领域志愿服务，选拔派遣国内相关领域专家学者，着力解决共建国家在科技、教育、文化、卫生等方面的需求。围绕北京市人才培养工程，可加大政策和资金扶持力度，加快培养北京文化对外传播领军人才和文化名家；推进国际汉学交流和中外智库合作，支持民间力量参与对外文化交流；引导海外华侨华人以及在海外投资的中资企业等积极参与人文交流，将人文交流寓于中外民众日常交往之中，并注重对上述群体人文交流意识和能力的培养和提升。

九、传播关系

传播总是处于一定的社会关系之中，符号的流动、信息的流

---

① 吴奇志：《北京形象国际传播的媒体表达——以部分中外主流媒体历史文化遗产报道为例》，《中国记者》2019 年第 7 期，第 119 页。

通最终总要融入与传播相关的各种社会关系体系。传播过程中的传受双方相互依赖、相互制约，传播效果的实现实际上是传受双方博弈的结果。这一过程再现现实的社会关系，并最终反作用于所在的社会关系。同时，就全球层面而言，社会关系所处的国际体系既是一种物质结构，也是一种文化结构，国际文化传播作为国际体系的全球性文化建构，也是一个文化扩散与接触的过程，在此过程中，不同的价值观、意识形态和文化相互影响和制约，有时还存在一定矛盾。[①] 北京文化国际传播需要关注传受双方在传播过程中的实力差异和潜在冲突，处理好传播背后隐含的行为主体之间的矛盾关系和力量博弈。

此外，就北京文化自身而言，其国际传播需要处理好传承与创新的关系，既要讲好北京文化厚重绵长的历史故事，也要讲好当代北京开放包容的发展故事，让受众切实感受到贯古通今、丰富多彩的北京文化。

十、传播机制

在传播机制上，北京文化国际传播应统筹文化走出去的资金与项目，统筹国内与国外文化类机构，统筹文化事业与文化产业，统筹文化走出去与请进来等，健全广泛参与的人文交流体制机制，充分调动产学研媒等社会资源协调联动，进一步挖掘各地方、各部门、各类组织和群体在北京文化国际传播交流中的潜力和资源，打造跨地区、跨部门、跨行业的文化交流合作路径。相

---

① 刘利群、张毓强主编《国际传播概论》，中国传媒大学出版社，2011，第121、139页。

关部门可深化与联合国文明联盟、联合国教科文组织、联合国开发计划署、联合国环境规划署等专门机构的交流合作，充分利用丝绸之路沿线民间组织合作网络论坛、"一带一路"智库合作联盟、"一带一路"绿色发展国际联盟、"一带一路"新闻合作联盟等合作机制开展对外人文交流，以此强化北京文化国际传播机制的系统性、整合性、协同性和前瞻性。

十一、传播理论

从历史上看，现当代国际传播理论大致经历了 20 世纪 20—50 年代的国际宣传范式、50—70 年代的发展传播现代化范式、70—90 年代的依附理论与文化帝国主义范式，以及 90 年代以来的全球主义或世界主义范式。全球主义传播理论范式将各种超国家或非国家行为体的全球传播网络体系纳入观照、分析和解释的视域之内，更多地关注传播政治经济学以及国际文化关系，并努力超越本土语言文化和民族国家个体利益的局限。① 以"全球主义的方式"来研究北京地域性文化的国际传播，超越国家中心论取向，可以成为北京文化走出去的一个新的理论支撑视点。

第四节　合作机制

人文交流合作机制的建立和完善是推动北京文化国际传播的关键支撑。构建层次清晰、功能完备的人文合作架构，搭建多层

---

① 李智：《国际传播（第二版）》，中国人民大学出版社，2020，第 16、25 页。

次、机制性人文交流合作平台，有助于引导北京文化国际传播实践发展，推动人文交流从互通有无向优势互补延伸，为北京文化国际人文交流合作的顺利开展奠定良好的基础。宗旨理念上，可建立以共商共建共享为原则基础、以民心相通为价值导向、以文明交流互鉴为遵循规则的北京文化国际传播和人文合作模式，推动形成制度化、规范化、多元化、开放式的国际人文合作框架。整体布局上，可建立城市人文外交引领、双边多边并重、官方民间并举、发达和发展中国家并进的北京文化国际传播合作平台，以定期或常态化的会晤、磋商、对话、协调机制，推动形成动态平衡的国际人文合作格局。主要方式上，可建立多主体、多层级、多领域的北京文化国际传播和人文合作联盟，优化北京文化国际传播人文交流要素支撑建设，以面临的问题为中心开展人文合作，同时消解"文明冲突论"等消极影响，加强北京文化国际传播可能面临的潜在风险的全过程跟踪与评估。

一、自建平台

对外人文交流平台建设是一个涉及历史传统、资源禀赋、行业基础、技术条件等多方面要素的系统工程。[1]北京应立足大国首都城市定位，发挥首都国际交往中心功能，加快建设北京文化国际传播交流载体，推动对外文化交流，为相关国家城市文化对话合作搭建开放、多元、包容的高层次交流机制，鼓励城市之间共享文化知识和经验，促进文化与政治、经济、社会生态的协调

① 王林生、金元浦：《"一带一路"、京津冀一体化与文化创新发展——2016—2017年人文北京研究综述》，《城市学刊》2017年第5期，第31页。

发展。自建平台具体建议如下：

一是丝路外交平台。利用北京丝路文化遗迹较多的特点，探索建立"北京文化丝路行"项目，打造"丝路会客厅"，宣介北京特色文化，不断织密"一带一路"朋友圈。2016 年 6 月，按照中国和希腊两国达成的协议，有关部门与北京市共同签署了合作共建雅典中国文化中心的协议。此后，雅典中国文化中心正式挂牌并启动系列推广活动。北京可在总结共建雅典中国文化中心经验的基础之上，进一步深入参与在更多共建"一带一路"国家建立中国文化中心或北京文化中心，搭建长期人文交流合作平台。建议以北京高校共建的孔子学院为依托，挂牌创建北京文化中心，以此建立北京文化国际传播孔子学院驻扎点，常态化推进北京文化走出去。此外，建议视情设立北京文化丝路传播形象大使。

二是体育外交平台。2022 年北京冬奥会是中国重要历史节点的重大标志性活动，举办一届"精彩、非凡、卓越"的北京冬奥会为向世界展示古都北京的历史文化底蕴和人文精神提供了重要平台。奥运是体育文化的典型表现形式，有着深厚的文化价值，可借此开展"体育人文外交"，服务北京国际体育文化交流区建设。例如，可依托冬奥文化理念，以中国冰雪大会、冰雪产业论坛、冬博会等群众性赛事活动和国际会展为平台，激活体育精品旅游文化线路，在丰富的文化活动中讲好北京故事和中国故事；[1] 通过举办中国网球公开赛、北京马拉松、世界斯诺克中国

---

[1] 于丹：《首都文化治理与全国文化中心建设》，《前线》2020 年第 5 期，第 65 页。

公开赛、国际泳联世界跳水系列赛北京站、北京国际雪联单板及自由式滑雪大跳台世界杯等国际赛事活动，为北京文化国际传播注入新动力；推进北京国际奥林匹克学院建设，不断提升"双奥城市"国际影响力；借助北京冬奥会吉祥物及周边产品热销契机，加强体育文化产品的开发和衔接，力争形成产业链。

三是智库外交平台。发挥跨学科和多语种的优势，发挥思想和学理的魅力开展深层次的学术交流与思想对话，是智库交往的特色。为此，可利用北京高端智库、高校和科研机构较多的优势，深入开展"高端智库二轨人文外交"，侧重研究北京文化国际传播过程中面临的民族宗教、历史文化、人口流动等方面的挑战，重在通过民间沟通打破认知隔阂，推进教育科技文化等领域对外交往。加强面向北京文化国际传播的智库建设，邀请相关政府部门、文化机构及高校专家学者参与进来，重点围绕北京对外人文交流路径等方面开展研究工作，拿方案、定举措、出思路、列时间表，为北京文化国际传播作出整体规划，为开拓深层次人文交流合作提供智力支持。同时也要注意，智库在进行国际传播时要顾及国内受众的观感，在进行国别传播时要考虑他国或地区国家及国际社会的感受，避免顾此失彼，进退失据。

四是文艺外交平台。建议完善国家大剧院、北京人艺、首都博物馆等文化品牌的国际交往和传播维度，将其建设成为面向世界的具有北京特色的国家级文化展示窗口，吸引相关国家知名院团和艺术家来京演出，开展各类文化交流活动，探索形成新型合作传播模式。推广"欢乐春节"文化品牌，举办北京文化庙会，不断丰富"北京之夜""魅力北京"等品牌活动，促进民间文化交流。办好北京国际设计周，推进张家湾设计小镇建设，推动"北京设计"走向世界。

五是卫生外交平台。鉴于新冠疫情对全球经济社会发展的巨大冲击仍在持续，且北京与40个国家的70多个城市开展了抗疫国际合作，积累了较强的合作优势，建议继续以"健康丝绸之路"为抓手，大力推进国际卫生合作，强化实施"一带一路"卫生国际合作和世界卫生组织合作中心品牌项目，共同开展科学研究，培养专业人才，制定标准指南，深化国际医学专业交流。办好海外华侨华人中医药大会，推动中医药健康养生国际综合服务平台建设。以中医药产业园区为载体、中医院为支撑、中医教育为保障，打造集中医医疗、保健、教育、科研、商贸、文化于一体的中医药品牌和服务机构，并以此打造"北京中医"国际品牌和中医药文化传播中心。

六是法律服务平台。北京拥有2000多家律师事务所，3万多名职业律师，涉外律师人才数量居全国第一，本地律所境外分支机构遍布全球。据统计，北京"一带一路"法律商事服务中心已经覆盖80多个国家的180多个城市，调解员达到600名，累计调解成功国际案例超8000多件。① 根据2021年12月发布的《北京市推进"一带一路"高质量发展行动计划（2021—2025年）》，北京将打造"1+N"国际商事法律服务平台，建立北京国际商事法庭，培育"一带一路"法律商事服务集聚区，加快建设国际商事仲裁中心。这将有助于北京打造公开、透明、可预

---

① 夏骅：《5年来北京累计对外投资超过340亿美元》，《北京日报》2023年3月24日，第4版。

期的国际营商环境，同时更为北京可持续共建"一带一路"民心相通提供法律保障。

除了自建平台，还可在总结举办中国—中东欧国家首都市长论坛、北京国际友好城市市长会议、城市可持续发展北京论坛等经验基础上，积极考虑建立全球首都城市联盟、首都文化论坛、首都市长论坛、"一带一路"节点城市文化创新发展论坛等，为北京首都城市交往搭建定期的人文对话交流机制。① 通过共建平台，上述联盟或论坛可就文化遗产保护、教育科技合作、非常态下的旅游、防控重大传染性疾病、城市精细化管理、大气污染防治等诸多领域开展务实合作，这将有助于推动北京文化国际交往深化发展，加大北京城市形象海外推广。此外，相关部门可支持外向型文化企业开展国际合作，组织北京文化企业积极开拓海外展会市场，如法兰克福书展、里昂国际漫画节、戛纳秋季电视节、洛杉矶艺术展等，彰显北京城市多样形象和中华文化魅力。

二、主场外交

近年来，北京圆满完成了 2014 年 APEC 会议、2017 年首届"一带一路"国际合作高峰论坛、2018 年中非合作论坛北京峰会、2019 年第二届"一带一路"国际合作高峰论坛、2019 年中国北京世界园艺博览会、2019 年亚洲文明对话大会、2023 年第三届"一带一路"国际合作高峰论坛等重大主场外交活动，以及以 2022 年北京冬奥会和冬残奥会为代表的国际顶级体育赛事

---

① 刘波：《国际交往中心与"一带一路"倡议协同发展的战略措施》，《前线》2018 年第 3 期，第 80 页。

服务保障任务，充分发挥了中国特色大国外交核心承载地的优质服务支撑作用，在服务国家总体外交的同时，也展示了主场外交的首都城市特色，积累了重大国事主场活动的国际交往经验。国际会议虽然多为国家总体外交搭建的平台，但由于其由具体的城市承办，又为城市对外交往功能的实现提供了独有的契机。[①] 2020年3月，《北京市重大国事活动服务保障常态化工作机制（草案）》审议通过。北京文化国际传播要继续用好这一国家重大外事活动平台，在服务保障重大国事活动的同时，发挥主场优势，积极开拓渠道，承办和培育具有全球影响力的国际会议、国际会展、国际文化旅游活动，并结合会议主题进行北京文化传播，彰显北京文化魅力。

除了重大国际会议，北京国际会议行业分布也十分广泛，主要以卫生和社会工作类会议，科学研究和技术服务业类会议，信息传输、软件和信息技术服务业类会议为主。例如，2018年，上述会议分别举办了17场、11场和6场。从会期来看，在北京举办的国际会议多集中在3天、4天和5天，分别有30场、25场和17场，总共占据北京国际会议总数的76.6%；从举办的场地来看，有将近36%的会议选择在会议会展中心举行，有22%的会议在会议酒店举行。[②] 据经济学人智库（EIU）统计，在星级会议商务旅行城市排名中，北京凭借"不断完善的基础设施

---

① 汪锴、赵鸿燕：《城市公共外交的功能性路径分析：北京案例》，《区域与全球发展》2018年第4期，第68页。

② 于立霄：《北京接待国际会议数量位居亚太城市第七位、中国第一》，中国新闻网，2019年8月28日，https://www.chinanews.com.cn/m/gn/2019/08-28/8940570.shtml，访问日期：2023年12月15日。

建设"成功入选。按照国际大会及会议协会（ICCA）发布的数据，2018 年度北京接待国际会议的数量为 94 个，同比增长 13.8%，居亚太城市第七位、中国城市第一位。① 可以看到，北京承接国际会议的能力还有潜力可挖，扩大会议会展对外开放工作还需要持续推进，促进国际会议、国际商贸及文化交流活动等在京举行仍处于大有作为的机遇期。

三、企业先行

企业是北京文化国际传播的有效主体。北京企业走出去履行企业社会责任，在带动北京文化、中华文化传播方面可以发挥重要作用。据统计，2018—2022 年的 5 年间，北京累计对外投资超过 340 亿美元，对外投资覆盖全球六大洲的 139 个国家和地区；北京企业对外工程承包额累计达到 208 亿美元，2022 年达到 53.2 亿美元，同比增长 44%。② 当前，北京企业在"一带一路"基础设施互联互通、国际产能合作以及重点境外园区建设方面均取得显著成效。例如，马尔代夫易卜拉欣·纳西尔国际机场改扩建工程完工，非洲"万村通"、英国曼彻斯特空港城、印度尼西亚高速公路、莫斯科地铁等重点项目建设有序推进，北汽集团、联想集团、北控水务集团、北京燃气集团等重点企业在汽车、金融支撑、污水处理、能源等领域重大项目稳步开展等。建

---

① 《借助文旅融合大趋势推动会奖旅游产业高质量发展》，《北京日报》2019 年 8 月 30 日，第 4 版。
② 夏骥：《5 年来北京累计对外投资超过 340 亿美元》，《北京日报》2023 年 3 月 24 日，第 4 版。

议在有关工程项目中加大文化形象构建力度和企业社会责任引导，提升企业属地化诚信经营能力，注意保护环境，履行社会责任，推动增加当地就业、减少贫困，让当地民众受益，以此展示企业文化，进而展现北京文化和中华文化魅力，推进人文交流和民心相通。坚持经济合作与人文交流同步推进，进一步在政策指引下搭建好企业对外交往、人文交流、服务支持的平台，讲好共商共建共享的中国故事，营造良好舆论环境，形成相互欣赏、相互理解、相互尊重的人文格局，为中国企业走出去打下广泛社会基础，为企业在当地生根发芽、进一步扩大影响做好服务。

根据文化制度理论，文化决定制度的成本，即当组织内部文化融洽、对主导文化认同度较高时，制度成本就会降低。鉴于此，企业可开展跨文化培训，使管理人员与员工加强对不同文化的辨别与适应能力，促进来自不同文化的组织成员之间的沟通、理解，避免驻外管理人员卷入或者制造文化冲突，并促进当地员工理解国际企业经营理念和经营方式。跨文化培训包括：对异文化的认识、对异文化的敏感性训练、外语学习、跨文化沟通与冲突管理、模拟异国环境、培养传播与文化适应能力等。[1] 其中，要特别关注文化敏感性训练，注重提高员工对企业内部不同价值观的鉴别和适应能力，灵活应对文化差异，减少文化摩擦，增进相互之间的信任。在实际经营中，企业要了解产品销售地的社会文化习俗和公众心理需求，尽量淡化意识形态色彩，避免因涉及敏感问题（如政治、宗教等问题）遭到误读。[2]

---

① 孙英春：《跨文化传播学》，北京大学出版社，2015，第 346 页。
② 程曼丽：《国际传播学教程》，北京大学出版社，2006，第 152 页。

四、借船出海

国际友好城市活动是中国对外开放的重要平台，是中国国家总体外交的重要组成部分。① 缔结友好城市并开展友城相关活动也是北京市对外交往和北京文化国际传播的主要渠道之一，在提升城市国际化发展水平和聚集国际高端要素等方面发挥着不可替代的重要作用。截至 2019 年 11 月，北京市已与 50 个国家的 55 个城市建立市级友好城市关系，区级友城及友好交流城市多达 173 个。② 但北京市友城所属国家分布较为集中，友城间交流交往活动丰富度有待提高。

建议继续将更多资源向友城工作倾斜，不断增加友城数量，扩大和深化与友城的交往范围和领域。通过友城渠道打造更多对外人文交流品牌项目，在友城设立"北京日"，开展"北京周""北京之夜"等活动，讲述"北京文化故事"，开拓北京文化友城传播与合作途径。适时积极考虑制定友好城市发展战略规划，建立友好城市人文交流信息大数据库。③ 注重在友城民众中塑造北京形象，将友城项目资源更多地向民间团体、青少年群体倾斜，助力其开展文化交流活动，打好北京文化国际传播的民间根基和未来生力军基础。挖掘国家总体外交层面的资源，面向友城

① 北京市文化发展中心编《文化北京——北京文化中心建设课题研究（总报告）》，新华出版社，2015，第 148 页。
② 骆国骏、季小波、罗鑫：《40 年，北京的友城"朋友圈"遍布全球》，《参考消息》2019 年 11 月 8 日，第 11 版。
③ 刘波：《国际交往中心与"一带一路"倡议协同发展的战略措施》，《前线》2018 年第 3 期，第 81 页。

推介北京文化。进行友城基本情况的对内传播，提升北京民众对友城的认识并主动参与到友城对外交往中。完善友城间的高层互访和合作机制，形成多样的城市间交往互动机制。

据统计，截至 2020 年 5 月，共有 5 家政府间国际组织总部或常设机构设在北京，包括上海合作组织秘书处、国际竹藤组织总部、亚太空间合作组织总部、中国—东盟中心秘书处、亚洲基础设施投资银行总部；27 家政府间国际组织在京设立代表机构。全国共登记国际性社会团体 37 家，其中 27 家位于北京，占全国总量约 3/4。全国共登记非政府间国际组织机构 542 家，其中 169 家设在北京，居全国首位。① 北京可充分利用在京政府间和非政府间国际组织总部、国际组织驻地机构以及外国驻华大使馆等推介北京文化，同时出台措施继续服务"一带一路"倡议下国际组织在京落户，吸引更多国际组织、国际专业机构和跨国公司总部落户并在京发展。

五、做足内功

相关部门应继续加大改革力度，在北京文化国际传播政策、平台、机制、品牌、资金、人才等各个领域深化探索，以更实举措提高北京文化走出去发展成效。北京可充分调动各个行业与部门，加大北京文化国际传播的系统性、主动性、联动性，实现北

---

① 《集聚国际高端要素塑造城市品牌形象　北京城市国际化能级进一步提升》，北京市人民政府外事办公室网站，2020 年 9 月 29 日，https://wb.beijing.gov.cn/home/ztzl/gjjwzxgnjx/zxdt/202009/t20200930_2104165.html，访问日期：2023 年 12 月 17 日。

京文化国际传播与北京特色文化产品的品牌效应、在京留学生所在高校的学术吸引效应、新闻媒体的舆论引导效应、旅游部门的经济社会效应之间的良性互动，为北京文化走向世界搭建多元平台。①

　　教育人文交流在跨文化国际传播中具有基础性和先导性特点。在京教育机构和学术组织众多，科研和教育实力雄厚，肩负着人文交流的重要责任。② 建议对接共建"一带一路"教育行动，建立以北京为中心的"一带一路"首都高校联盟，在首都高校增设共建"一带一路"国家小语种专业，设立外国留学生"一带一路"专项奖学金项目，在把好质量关的前提下，扩大来京留学生规模。探索在"一带一路"友好城市设立"一带一路"学院，积极开展校际交流和联合科研，共建研究机构，联合培养"一带一路"建设人才。发挥北京在外留学生资源优势，广泛参与所在国文化交流活动，展示北京文化和中华文化的风采。

---

① 吕小蓬：《跨文化视野下的北京文化国际推广——在京留学生的北京文化认同调查》，《中华文化论坛》2015 年第 3 期，第 11—18 页。
② 田蕾：《"一带一路"背景下首都文化"走出去"的路径选择》，《市场论坛》2018 年第 10 期，第 71 页。

第四章

对北京文化国际传播效果的评估

在对北京文化国际传播的深入研究中，有两种基本的思考维度：一种是从本体出发，由内向外，研究如何吸取其他国家的先进经验，进而规划北京文化走出去的发展走向；另一种则是从他者出发，由外向内，从异域审视的视角，从他国人士的声音中了解北京文化国际传播的影响与评价。① 无论何种思考维度，都需要进行整体性的针对传播效果的审视与评估。

传播效果是指传播对受众行为产生的有效结果，具体指传播主体发出的信息或符号，通过一定的媒介渠道触达受众后，使受众在知识观念、思想情感、态度立场以及行为方式等方面发生的变化。传播效果通常意味着传播活动在多大程度上实现了传播者的意图或目的，是最受瞩目、最具现实意义，也是争论最大的传播研究领域。②

---

① 李春雨：《北京文化的异域审视——针对在京留学生群体的考察》，《北京师范大学学报（社会科学版）》2006年第6期，第122页。

② 张朝霞、黄昭文：《文化传播学》，中国人民大学出版社，2019，第52、75页。

　　评估是指对政策制定和实施的综合评价和衡量，是现代公共管理的重要手段之一，科学的绩效评估机制对国家治理体系和治理能力现代化建设至关重要。高质量的评估虽然并不必然保证高质量的最终决策，但是最终决策的切实可行一定依赖高质量的评估和分析。① 近年来，随着联合国 2030 年可持续发展议程的推出，指标化治理和评估日益成为全球发展治理的重要方法。一般而言，全球治理评估体系包括评估主体、对象、方式、指标等环节。在政策评估领域，多实行基于实际数据的政策量化评估，主要包括：实行事前评估，提高政策制定的科学性；实行事中评估，加强对政策执行的监督，及时纠正政策实施过程中可能出现的偏差；实行事后评估，检验政策的实际效果，为今后决策提供参考。②

　　对传播效果的评估可以从认知、态度、行为三个层次进行测量。认知是影响力的初步阶段，是态度形成的基础，没有对某一事物的认知或印象，便不可能形成对该事物的判断与评价；态度是影响力的中级阶段，是一种内在的心理变化过程，是受众对传播主体持有的评价和行为倾向；行为则是影响力的高级阶段，是态度的外显部分或人们采取实际行动之前的准备状态。③ 另外，还要看到，国际传播是由传播者、传播内容、传播渠道和传播对

---

　　① 雷少华、李卓：《对美国战略评估的再思考：理论与方法》，《国际论坛》2020 年第 1 期，第 3 页。

　　② 洪永淼：《运用经济学新成果促进政策优化》，《人民日报》2019 年 2 月 25 日，第 9 版。

　　③ 关世杰：《中华文化国际影响力调查研究》，北京大学出版社，2016，第 145 页；程曼丽：《国际传播学教程》，北京大学出版社，2006，第 193 页。

象等一系列要素构成，每一个环节都可能对国际传播的最终效果产生影响。也就是说，传播效果的产生不完全以国际传播者的主观意志为转移，受时间和其他因素的制约也比较明显，是一个多环节的长期累积过程。因此，针对这种传播活动所进行的效果考察就不能被限定在较短的时间内，不能过分追求短期绩效，要尊重事物的发展规律，应该给被评估主体相对宽松的运作周期，否则评估就有可能因为某些临时性或即发性因素的影响而有失准确。[①]

党的十九大报告提出，要健全依法决策机制，构建决策科学、执行坚决、监督有力的权力运行机制。按照《北京市推进共建"一带一路"三年行动计划（2018—2020年）》的要求，北京文化走出去要成为展示中华文化的重要窗口和荟萃世界文化的重要舞台，明显增强首都文化软实力和国际影响力。系统科学的评估体系有助于明确北京文化走出去的发展方向，这也是北京建设国际交往中心的重要环节。

当前，北京文化国际传播取得实实在在成效，但对文化走出去如何进行富有科学性的评估尚有大量工作要做。虽然北京文化国际传播形式多样，但不可能针对所有国家、所有受众用尽所有评估和测评形式。因此，面对不同议题、不同国家、不同受众，哪种人文交流的形式最有效，能够实现以最少资源投入达成最大效益产出？这必然离不开对各种交流项目的效果进行评估，通过比较以确定最佳形式。目前较有代表性的对北京文化影响力的评

---

① 程曼丽：《国际传播学教程》，北京大学出版社，2006，第212页。

估形式，是以文化资源力、文化创新力、文化传播力、文化涵育力、文化凝聚力为核心指标构建评估体系。① 可以说，该评估体系在评估北京文化国际传播方面具有一定的开拓意义，但总体稍偏宏观，似可进一步具体细化。

此外，在收集与目标相关的数据基础之上进行及时有效的效果评估，并依据实现目标的程度进行资源的再分配或者项目的调整，也有利于优化配置人文交流活动资源，对北京文化国际传播的发展发挥引领和导向作用。比如，通过为北京文化国际传播提供大数据模型支撑，在可能的情况下对重大文化事件或文化风险走势进行预测，客观地鉴定和评价政策目标方案，能够更加准确地把握政策可能产生的后果和影响，为做好应对提供预案和准备。由此而言，这种评估能够科学客观地把握已有政策的效果，找准影响问题解决和工作推进的瓶颈，有针对性地解决问题，有助于提高决策的科学性和精准性，增强政府的执行力。

如何以科学的评价标准来衡量包括北京文化在内的中华文化在海外的国际传播影响力和效果，进而规范、引导北京文化国际传播，是一个非常现实的课题，也是一项颇具挑战性的工作。这种效果评估要具有明确的结果导向，即：有助于增进对北京文化和中华文化的了解和理解；有助于增加对北京文化和中华文化的好评；有助于提升中国在全球的文化影响力和软实力。本书尝试为评估北京文化国际传播建言献策，通过指数和模型方面的多维

① 于丹：《首都文化治理与全国文化中心建设》，《前线》2020 年第 5 期，第 63 页；《全国文化中心核心指标体系建构研究》，《前线》2019 年第 8 期，第 61—63 页。

度研究，细化评估指标，完善评估办法，以具象的形式描述、把握北京文化国际传播取得的成就和面临的挑战，加快构建具有国际视野、行业高度和专业水准的北京文化国际传播评估体系，逐步实现评估制度化、程序规范化、主体多元化和结果应用化，进而为在纵向、横向以及国内外的综合比较中采取更为精准的举措和手段来拓展北京文化国际传播路径提供支持。

第一节　明确评估挑战

首先必须明确，中国目前虽有一些评价分支学科，如教育评价学、环境影响评价学等已经逐渐发展起来，但学术界目前对于评价科学的整体结构及其发展规律等仍然关注较少，以致在中国作为学科意义上的评价学或评价科学始终尚未独立凸显和成长起来。[①] 这一点在中华文化走出去的评估中表现得尤为明显。在以往的文献中，关于国外专家学者或海外媒体如何看待中华文化有过论述，但是通过大样本问卷调查方法，用数据全面呈现一国民众对待中华文化看法的研究尚未见到。[②] 评估文化走出去存在如下障碍或困难：

评估制度尚未建立。评估制度是规范评估行为、确定评估程序、理顺评估权力和责任、保证评估活动有序开展的制度保障。

---

① 汤建民：《构建和发展我国的评价科学》，《西南民族大学学报（人文社会科学版）》2019 年第 1 期，第 227—233 页。
② 关世杰：《中华文化国际影响力调查研究》，北京大学出版社，2016，"序言"第 2 页。

建立评估制度可以保证政策评估的独立性、规范性和法制化。政策评估制度可以确定评估组织的权责体系，既能保证评估活动的权威性，又能防止评估过程的随意性；实现政策评估工作的程序化；保障政策评估活动的资金来源；推动政策评估结论的应用，使评估结论与政策改进密切联系起来。① 评估制度不能基于个案而应顾及整体，不能只顾当前而应着眼全局和长远。目前，一套科学的、被广泛接受的文化走出去评估机制和评估体系尚缺乏，文化走出去信息系统不完善、评估科学性和专业性有待提高等问题影响着对北京文化国际传播效果评估的开展。

评估数据难以获得。对外方面，国际传播的效果评估是一种异地调查，多在境外进行，距离远、跨度大，情况复杂，可控性较差，且被调查者在意识形态、宗教信仰、文化习俗以及接受心理等方面与传播主体多有不同，不易为调查者所了解和把握。② 就北京文化国际传播主体而言，来自行政部门的数据是开展评估的最重要的信息资源之一，是实现政策评估有效性和准确性的前提。除法律明确规定必须保密的信息外，行政部门应当公开有关政策的制定背景及过程、执行情况和相关数据等。根据目前掌握的情况，北京文化国际传播相关数据尚有限，对北京文化走出去的整体情况进行全面把握和了解目前尚需加大投入力度。

评估主体较为单一。评估主体是评估工作的核心。政策评估主体就是确定文化走出去政策和效果由谁来评估的问题。在政策

① 王蕊：《教育决策科学化还须政策评估来问诊》，《光明日报》2018年1月30日，第13版。
② 程曼丽：《国际传播学教程》，北京大学出版社，2006，第8—9页。

评估过程中，政策评估主体的不同会对公共政策评估及其结论产生很大的影响。只有在公共政策评估过程中保持评估主体的多元化，才能保证评价结果的全面性和有效性。参与公共政策评估的主体包括政府机构、社会团体、高校、智库、行业企业、媒体和个人等。① 目前，北京文化走出去各有关部门在评估体系建设上尚未形成整合，缺乏权威的有公信力的评价机构。此外，政府部门在评估文化走出去工作中，应把大量事务性工作转交给第三方评估机构，将自己的工作重心转至优化评估指标、完善评估结果运用等方面，提高政府工作效率和工作质量。

评估对象相对主观。人文交流活动的效果最主要的反映指标是受众的态度，而态度则具有很强的主观性，且一个人态度的形成或者转变往往受到多种因素的影响。有些态度并不是人文交流活动直接产生的后果，如某国受众对他国受众的态度更有可能主要受两国外交关系以及突发政治、经济、军事、文化、卫生事件等影响。因此，对文化走出去的评估需要借用传播学、心理学、社会学等学科理论对受众心理、文化产业经营发展、文化品牌和标识影响等方面进行多角度分析。

评估标准难以统一。目前，从全国来看，文化走出去效果评估工作尚未普遍开展起来，各地执行的评价指标体系、评价方法等不尽相同，评估维度精确性不足。现有标准主要集中在文化品牌上，且对品牌价值的评价以财务指标为主要参考，难以全面反映文化走出去的综合价值。北京文化国际传播效果也存在评估标

---

① 王蕊：《教育决策科学化还须政策评估来问诊》，《光明日报》2018年1月30日，第13版。

准不一、通用范围不广、规范性不强和公信力不足等问题。

评估方法尚不系统。目前，对于对外人文交流效果进行的评估多集中在好感度调查和媒体信息的文本分析，也有一些针对交流项目参与者的访谈。但这些方法往往停留在单一的技术层面，缺乏以更为系统的视角和理论进行总结提升，导致获取的数据零散而不具有可比性。文化走出去的效果评估尚需进一步找到精准发力的切入点、撬动点和关键点。另外，需要明确，某种单一的技术方法可能难以达成预期结果，多种方法统合运用才能形成一个体系性的评估结论。目前一些测度基本没有依托现代信息技术建立评价平台，仍然沿用过去人工归集、手工评价的方式，工作效率较低，可操作性较差。

评估效果适用滞后。人文交流活动的效果通常具有一定的滞后性，并非当时举办了活动就能同步产生效果。对于那些历时多年的人文交流项目更是如此，时间跨度长，效果出现缓慢，而且其效果也有难以预期的一面。此外，还要注意结果（output）与效果（outcome）的差异。比如，某一"文化节"的活动邀请到5000名观众，这属于结果层面的评估；而活动结束之后，参与活动的这些个体对这一文化节以及文化本身持有一种什么样的态度，是不是增加了他们对主办方的好感度或者认可度，这是效果层面的评估。实际上，两者并不相同。结果属于更可视层面的事物，甚至不用费力去测量；效果则不然，通常来说无法明确得知个体何时接纳了特定的文化观念、习俗、价值和倾向等。因此，具体评估中需要将二者区别开来，明确结果不能替代效果。另外，评估还具有时点性、实时性等特点。也就是说，基于某一时点上的评估结果会有一定局限性，还需要根据后续措施进行"再评估"。这种时间上的不确定性会给评估分析带来一定的困扰。

评估结果运用不足。由于缺乏文化国际传播实际绩效的有效数据，无法对新出台的重大政策、项目开展事前评估，也就无法更为精准地论证其立项必要性、投入经济性、绩效目标合理性、实施方案可行性、筹资合规性等。有的评估结果作为内部情况不对外发布或有限对外发布，"信息孤岛"尚未打破，无法充分运用大数据使评估更加精准、客观、动态，也未能充分激发包括文化企业在内的行为主体走出去时的主观能动性。

第二节　确立评估准则

一是加强顶层设计。聚焦文化走出去可持续发展，以打造文化核心竞争力、提升北京文化和中华文化国际影响力为目标，加强顶层设计，在涉外人文交流项目制定之初可同步规划走出去效果评估工作。建议按照"建立评估制度框架—确定评估指标体系—选择评估方法—选定评估样本范围和数量"的逻辑顺序，适时考虑制定北京文化国际传播评估办法或细则等指导性文件，强调坚持正确方向、强化目标导向、易于操作实施等考核原则。

二是建立评估制度。规定评价考核主体，组建评估委员会或专门机构，遴选评估专家队伍，制定评估工作细则，确保评估制度具有自主可操作性、评估可持续性和时效性。为促进多元评估主体的发展，北京文化走出去政策效果评估应实施内外部评估相结合的方法，建立多元化评估机制。在选择评估专家时，需要遵循两个原则：一是能力原则，选择能够胜任的优质专家队伍；二是中立原则，恪守中立有助于保持评估的客观性。科学的评估程序与评估方法是开展政策评估工作的技术保障，决定了评估结果的科学性，建议建立规范化、标准化的政策评估步骤，制定科学的核心评估标准与原则，高度重视评估工具的持续开发和创新，建立北京文化国际传播政策评估标准和评估制度框架。

三是构建评估指标体系。尝试构建分行业、分领域、分层次的北京文化国际传播绩效指标体系，据此展开具体评估工作，实现科学合理、细化量化、可比可测、动态调整、共建共享的评估。为使各类数据具有权威性，满足可量化、可比较、可参考、可跟踪、可预测的要求，还要在对指标数据进行加工的基础上，将离散的、非结构化的指标数据做结构化、集约化、系统化处理，并运用主成分分析法，对评价指标数据做计算排序。

四是加大评估数据共享力度。建立评估信息采集系统，通过规范和科学的调查手段，准确获得一手数据，为决策和科研提供基础数据服务。建立公共政策管理信息库，分类收集各界对某一政策的做法和效果、意见和建议、问题和不足的反应，并在此基础上改进措施，加强交流反馈、跟踪处理和统计分析。建立北京文化国际传播信息数据库共享平台，推动各类统计信息数据库本着开放、互通、共享的原则实现共享，改变"数据壁垒""信息烟囱"和信息不对称的状况。实现统计数据的集中存储、统一管理、联合分析及数据挖掘工作，通过大数据挖掘技术，对一系列复杂性、隐蔽性、抽象性的问题进行实证分析，快速获得有价值的信息，提高研究的客观性和科学性，推动决策的科学化水平。

五是加强评估培训监督。目前，文化走出去评估工作刚刚起步，需要加大力度开展专门的评估工作培训，对评估组织和培训质量设立监测和评价机制，提高评估人员的专业化水平。建议引进多样化评价方法，发挥政府、文化企业、专业组织、社会机构等多元评价主体作用，灵活使用同行评价、受众评价和社会评价等方式，鼓励支持更多的行业协会、学会、专业评价机构等承担评估工作。如前所述，建议引入第三方评估机构，推行第三方非干扰式评估。第三方评估机构拥有专业人才储备，能够更专业地处理评估工作中遇到的各种问题，保证评估工作客观、高质、高效完成。进行第三方评估时，还可在必要时邀请国际相关领域专家学者参与，确保评估的权威性和公正性。

考虑到近年来第三方评估工作在中国刚刚兴起，真正意义上独立的第三方评估机构还为数不多，且评估工作是一项有着很强专业性和科学性的活动，建议建立健全对第三方评估机构的资质认定、人员资格认证等准入制度，加强评审专家数据库建设，建立评价责任和信誉制度，对评估机构及其评估报告进行专业和法律规范，通过评估流程、结果的公开，促使政策评估主体接受社会各界的监督和检验。此外，还可通过设立专项评估项目基金等形式吸引社会资金，为评估活动提供资金保障，对第三方评估机构进行经费支持，保证第三方机构的独立性和客观性。

六是强化评估结果运用。建议针对不同对象（政府部门、协作单位、服务客体等）以不同形式公布评估报告，实现评估信息的透明性和公开性。完善已完成项目评价制度，对已完成的文化走出去项目的建设过程和实际效果进行绩效评估，总结经验教训，不断提高决策、建设和管理水平。

七是争取跨文化传播评估国际话语权。尝试积极参与文化走出去评估国际标准化工作，增强北京文化和中华文化在国际文化品牌评价中的话语权和引领力。

第三节　构建评估体系

为建立综合立体、系统科学的评估体系，从方法论角度看，需要选取科学的评估指标。这一指标必须满足有效、可靠、透明、具有代表性、允许误差等原则，同时还要遵循根据不同领域将定性与定量指标相结合的原则。具体而言，这一评估指标体系应该具有如下特性：

权威性。保证指数公正权威，而专业性是权威性的最佳保障，因此这一指标体系应能够集合多领域优秀专家学者进行指数编制，共同讨论确定指标体系。

全面性。注重综合性和整体性，充分反映北京文化国际传播的全面特征，能够客观、综合地反映绩效构成要素之间的数量关系，展示各要素的内在联系。

统一性。在指标体系中，同一评价指标的内涵、计算方法、时间和空间范围应统一，在基本概念和逻辑结构上应相互衔接。

差异性。为科学反映不同文化行业及品牌的价值，针对不同文化走出去的行业和类别开展评估，差别化设置文化走出去的考核指标权重，为此可制定跨文化国际传播质量评估方案，实施分类评价和差异化考核。

实用性。各类指标概念清晰、要求明确，能够准确客观地反映被评价对象的实际情况，同时评价方法便于操作和推广。

数据性。应立足多维视角，依托大数据分析技术，强化多元数据采集，优化算法模型，提升指标体系的权威性和科学性。

可持续性。指数编制和运营将具有持续发展能力，致力于建立综合立体、系统科学，具有前瞻性和包容性的指标体系。

国际性。这一指标体系要注重国内经验和国际经验的平衡，兼顾国内与国际平衡的研发路径，既能兼顾国际社会的通约性，便于与国际同行交流研讨，也能对中国其他省区市或世界其他发展中国家的文化交往提供参考和借鉴。

方法多样性。运用成本效益分析法、比较法、因素分析法、公众评判法等，提高评估结果的客观性和准确性。

北京文化在海外影响力最重要的衡量指标就是人们认同、接受的程度，可以从受众态度和心理、文化载体、对思想及行为产生作用的状况等方面去测度和分析。从文化走出去的总体维度看，这一指标体系可以包括以下 5 个元维度：涉外文化基础设施、文化走出去管理体制和服务保障体系、文化产业和创新能力、文化走出去环境氛围（文化安全性）、友好城市数量（国际文化治理）①。

从具体维度看，这一指标体系由 3 个层次的指标组成，每一个指标还可以下设子指标，不同的指标有着不同的权重。

---

① 良好的对华关系是包括北京文化在内的中华文化走出去的重要保障。从地方民间交往和城市外交出发，本书以"友好城市数量"作为北京文化走出去的测度。

首先是微观指标，一般由中医药、功夫、书法、电影、电视、音乐、综艺、演出、服装、饮食等 10 项指标组成。

其次是中观指标，主要包括世界文化遗产、文化（创意）产业、文化贸易、创意城市建设、国际旅游人次和收支、接受和派出留学生、国际移民等 7 项国际人文交流指标构成。

最后是宏观指标，主要包括发展模式、价值观念、思维方式、语言文字、宗教信仰等 5 项指标。

从抽象维度看，这一指标体系可着重从以下方面进行测度：①

一是文化的具象形式，如文化符号的认知和感受度。文化符号指能代表一个国家或者一座城市文化的突出而具有高度影响力的象征形式系统，自身具有超越个体生命周期的特点。海外受众对中华文化符号、北京文化符号的认知、感受度直至认同度，是北京文化、中华文化海外影响力的直观衡量指标。比如，北京文化符号就有着京味文化符号、社会文化符号、政治文化符号、皇家文化符号、传统演艺文化符号、现代建筑文化符号、现当代文化符号等多样的具象形式。②

二是文化的精神内核，如思想理念的扩散和渗透力。文化有着各种外显或内隐的形式，最深层的内核是思想、理念和价值观。文化影响力从根本上是价值观念的影响力，世界上各种文化

---

① 林坚：《中华文化如何更好地走向世界》，《环球时报》2019 年 5 月 20 日，第 7 版。
② 于丹、朱玲、刘人锋、余灵：《北京文化符号的媒介构建分析》，《现代传播》2015 年第 4 期，第 18—19 页。

之争本质上是价值观念之争。从传播障碍的角度讲，价值观的冲突是跨文化传播形式最多样化而又最根本的冲突，是最难逾越的跨文化传播障碍。[①] 中华文化中的一些精神观念，如家国情怀、民本理念、天人合一、天下一家等，在协调人与自然、人与人、人与社会的相互关系方面，蕴含着富有洞见的思想，可以给当代人以启示。中华文化精神和理念如何在海外产生影响，这是最深层的问题。

综上所述，建议在 5 个元维度、22 项评估指标基础之上，集合形成"北京文化国际传播指数体系"。通过选取传播北京文化的图书、戏曲、电影、电视、艺术品等文化产品或创意衍生品，以及留学北京、智库机构交往、文化产业和贸易等领域人文交流项目数量、投入预算及相关测评指标等，对北京文化国际传播进行量化测算和定性评估。

第四节　抓取评估数据

建立开放共享、专业权威的北京文化国际传播数据平台是开展北京文化国际传播、做好北京文化走出去评估工作的必要基础。建议建立专业化的北京文化国际传播数据库，迅捷准确地采集一手信息，为研究提供坚实基础。在具体的数据采集方面，要注意以下问题：

一是注重客观数据和主观数据的平衡。客观数据是用统计学

---

① 李岗：《跨文化传播引论——语言·符号·文化》，四川出版集团巴蜀书社，2011，第 165 页。

方法测量出来的"硬"数据；主观数据则是用问卷调查、个别访谈等方法，基于对少数代表性样本的主观判断测量出来的数据。客观数据的优点是客观性强，缺点是难以对实时的状态变化作出及时反映，而且无法测量人们的心理状态。主观数据能够很好地反映人们的心理状态，但数据的代表性和客观性则存在问题。① 北京文化国际传播的相关数据和指数既要反映出受众的客观现实状况，也要反映出主观认知状况，模型和指数的研发必须综合平衡上述两类数据，以使指标设置趋于完善。

二是注重大数据与小数据的平衡。指数研发的基础是各类相关数据的收集与整合。囿于社会发展和技术工具的局限，传统的统计数据主要是使用抽样和小样本分析得出的小数据。近些年，随着大规模传感器和超强运算能力计算机的产生，对人类社会的各项数据采集能力显著增强，大数据方法也越来越被广泛采用。因此，在研发模型的过程中，应当积极运用大数据的科学方法获取总体性数据，也要兼顾具体领域指标和小样本分析得来的小数据，使大数据和小数据优势互补，得出更为科学准确的测评结果。

三是注重国内数据和国际数据的平衡。在采集数据时，建议拓展国际视野和国际思维，积极采用国际数据库，采用国际前沿的科学研究方法和工具，把国内数据和国际数据相结合，在大数据定量分析与专家经验判断形成的定性评价相结合的基础上，形成全要素评价体系。比如，建立"北京文化国际传播社交媒体数

① 曹文泽：《以法治指数助推法治中国建设》，《光明日报》2019年3月31日，第7版。

据平台"，实时采集国内外社交媒体平台涉及北京文化国际传播的内容信息和互动行为数据，并将其向学术研究、政策研究机构以及媒体开放使用。也要看到，量化评估是基于计量建模假设与实际人文交流数据得出的，其准确性取决于数据是否可靠，因此需要把握数据生成过程，数据相对干净可控更有助于识别、推断因果关系，这一点国内数据和国际数据均适用。此外，要根据明确的数据使用目标，从而设计具体的信息采集系统，以保证数据收集和报告过程可操控和简单有效。

第五节 建立评估模型

在指标体系的基础上构建北京文化国际传播评估模型，建议选择与北京文化国际传播具有密切联系与典型意义的国家和地区，按照定性与定量相结合、宏观分析与微观实证相结合的原则，量化分析北京与相关国家城市人文合作的紧密度，检验北京文化国际传播的效果。

首先，在模型构建渠道上，可从与北京人文交往相关国家的传统主流媒体、官方文献、民意调查、智库报告、"意见领袖"和"中国通"访谈、问卷调查及海外实证等多方面收集数据，特别是通过抓取谷歌、维基百科、脸书（Facebook）、推特（Twitter）、照片墙（Instagram）、优兔（YouTube）等新型传播平台的传播数据，最终经过大数据分析和综合模型计算分析，得出北京文化国际传播指数，构建"北京文化国际传播效果指数模型"。

其次，在模型构建方式上，可结合专家推荐、问卷调查、内部研讨、实地调研等方式，选取北京文化国际传播热点议题进行学者评议和专题分析或调研。

最后，在文化品牌评估上，可建立以品牌传播力为核心的可量化测评指数体系，采用大数据文本和语义挖掘技术，根据话语中品牌名称的出现与文本的数据嵌入性，测量品牌与文本关联度，获取品牌传播力得分。

评估北京文化国际传播的具体效果，是促进北京建设国际交往中心和进一步开展对外人文交往的必然要求，也是本书研究中的一个难点。本书通过提出北京文化国际传播评价的"指标体系"和"评估模型"，为包括北京文化在内的中华文化国际传播提供新视角、新路径与新方法。考虑到包括北京文化在内的中华文化传播的长期性和动态性，这一研究也将是一项长期的过程，需持续予以关注。

对北京城市文化外交进路的思考

一、城市外交

城市外交是城市配合国家总体外交，在中央政府授权和政策指导下，围绕非主权事务所开展的国际交往活动。[①] 传统上，外交属于主权国家的政治行为，城市不做"外交"。二战以来，随着城市、跨国公司、地方政府和非政府组织等在国际事务中日渐活跃，主权国家垄断外交事务的格局逐渐被打破，外交逐渐向着多面化、多层次、多形态的开放网络和系统演变。[②] 外交权力不断由外交部门平移至其他政府部门，下移至地方政府及各级城市，外移至国际政府和非政府组织及民间机构。城市外交因其融合公共外交和民间外交等多种形式，与国家外交相比面临的掣肘因素较少，目标更为灵活，手段更加丰富，可以协助国家外交实

[①] 熊炜、王婕：《城市外交：理论争辩与实践特点》，《公共外交季刊》2013 年春季号，第 20—25 页。

[②] Paul Sharp, "For Diplomacy: Representation and the Study of International Relations," *International Studies Review* 1, no.1（1999）:33-57.

现特定目标，使国家外交拥有更多有效践行渠道。也正因如此，城市外交日益成为国家总体外交的有机组成部分，在国家外交决策实施进程中发挥着显著作用。

就城市外交自身而言，作为全球化时代国家体系、国际体系和全球体系多维空间互动的产物，城市外交是城市通过嵌入主权国家外交、国际组织和国际制度外交以及社会网络外交体系，逐步构建起来的一个嵌入式外交体系，其目的在于满足全球化和城市化对城市功能的要求。[①] 从这一点来看，城市外交满足了城市对外交往的内在需求，拓展了城市国际化的发展空间，强化了城市行为体外交功能的全球导向，因而也越来越成为世界城市竞争力的重要支点。

德国历史学家奥斯瓦尔德·斯宾格勒曾指出，人类所有伟大的文化都是由城市创造的。现代社会中，城市日益成为人类文明符号的象征和全球人文交往中心，因而也成为一国对外展示其制度文明、治理方式和国家形象的重要窗口。[②] 城市外交有助于夯实国家间关系的民意和社会基础。同时，不同城市在交流合作中促进人类文明融合互鉴，对于城市文化的传播和推广具有不可或缺的积极作用。2014年5月，习近平主席在出席中国国际友好大会暨中国人民对外友好协会成立60周年纪念活动时指出："要大力开展中国国际友好城市工作，促进中外地方政府交流，推动

[①] 赵可金：《嵌入式外交：对中国城市外交的一种理论解释》，《世界经济与政治》2014年第11期，第135页。

[②] 陈楠：《全球化时代的城市外交：动力机制与路径选择》，《国际观察》2017年第5期，第93页。

实现资源共享、优势互补、合作共赢。"① 目前，地方或城市作为国际关系中的一种"有限行为体"，与各种新型对外关系主体一起，已经构成中国发展国家关系的社会基础，② 成为向世界展示中国制度、文化和国际形象的窗口。

北京国际交往中心是城市或区域的"角色定位"和"功能分配"，具有保障重大主场外交活动、集聚国际高端要素、支撑区域开放发展、引领城市对外交往的功能。2020 年 9 月，《北京推进国际交往中心功能建设专项规划》发布，明确提出要努力将北京建设成为承担我国重大外交外事活动的首要舞台、引领全球科技创新和交流合作的中心枢纽、展现中国文化自信与多元包容魅力的重要窗口、彰显我国参与全球治理能力的国际交往之都。

二、北京城市文化外交

文化外交自古以来便是国家间交往不可或缺的重要组成部分。历史上，多个古代文明都十分重视人文因素在对外交往中的作用。近代以来，文化外交作为对外关系的"减压阀"，成为世界各国普遍重视的外交战略。利用文化手段推行本国战略和政策的行为日益增多，主要国家纷纷推出对外人文交往发展规划，打造文明交流互鉴品牌，如英国文化委员会、法国法语联盟、德国

---

① 习近平：《在中国国际友好大会暨中国人民对外友好协会成立 60 周年纪念活动上的讲话》，《人民日报》2014 年 5 月 16 日，第 2 版。
② 张鹏：《中国对外关系展开中的地方参与研究》，上海人民出版社，2015，第218 页。

歌德学院、西班牙塞万提斯学院等在各自国家总体外交中的作用逐步扩大。冷战结束至今，国际关系中文化因素的影响与制约功能更为凸显，文化所具有的增强权力扩张合法性、道义性的作用以及文化形象对于国家利益和国际格局的影响，受到不同行为体更多的重视。①

"文化外交"这一概念最早由美国文化历史学家拉尔夫·特纳（Ralph Turner）在 20 世纪 40 年代提出，后由美国外交史学家弗兰克·宁柯维奇（Frank A. Ninkovich）进行系统阐述和发展。概括而言，文化外交是指借助思想沟通、文化传播、人文交流、文产贸易等文化手段开展的对外交往活动，旨在增进一国国际吸引力、认同度、影响力和美誉度，与经济、政治和军事外交一起构成外交活动的多面维度，是一国实现对外战略的重要政策工具。② 文化外交可以分为思想外交、文明外交和文艺外交等层次，其中思想外交传播一国对世界根本问题的系统性知识，是文化外交的核心。③ 美国国际关系学者约瑟夫·奈（Joseph S. Nye）认为，当今世界，倘若一国文化处于中心地位，别国就会自动向它靠拢；倘若一国的价值观支配了国际政治秩序，它就必然在国际社会中居于领导地位，其领导世界潮流的成本就会降低。④

人文外交或人文交流是中国特色的文化外交概念。两者的区

---

① 孙英春：《跨文化传播学》，北京大学出版社，2015，第 407、450 页。

② 亢升、郝荣：《印度对非洲文化外交及对中国的启示》，《印度洋经济体研究》2016 年第 1 期，第 63—78 页。

③ 范勇鹏：《论文化外交》，《国际安全研究》2013 年第 3 期，第 21 页；范勇鹏：《文化外交的层次及效用》，《公共外交季刊》2013 年第 3 期，第 51 页。

④ 约瑟夫·奈：《硬权力与软权力》，门洪华译，北京大学出版社，2005，第 6—7 页。

别在于，文化外交直接服务于一国的对外政策，人文交流则属于为国家间关系托底的社会交往进程。① 近年来，中国全面推进中国特色大国外交，形成全方位、多层次、立体化的布局，历史文化因素在中国外交全局中正在发挥越来越显著的作用。② 城市外交作为国家外交的重要组成部分，在对外文化交往中发挥着不可或缺的作用。北京开展城市外交可从文化角度发力，通过打磨文化软实力，参与全球人文治理进程，向国际社会提供具有北京文化特色的国际人文公共产品，分享北京在扶贫、教育、科技创新、智慧城市建设、文化遗产保护等领域的经验做法，以增进彼此文化认同和价值共识，展现北京文化精神特质和精神魅力，营造互尊互信、包容互鉴的跨文化交往人文氛围。

三、北京城市丝路文化外交

古丝绸之路是东西方文化交流的标志性符号，跨越亚欧大陆农耕定居、草原游牧、高原渔猎、海洋商业、沙漠绿洲等多个文化形态，作为一个多国度、多民族、多地域、多文化汇聚融合的广袤深邃的文化地理空间，融汇沟通了人类自"轴心时代"开始形成的精神文化之源。不同民族在这条"文明地带"相遇相知，多元文化交融共生，多样文明相互影响，成为丝绸之路文明

---

① 俞沂暄：《人文交流与新时代中国对外关系发展——兼与文化外交的比较分析》，《外交评论》2019 年第 5 期，第 34—53 页。

② 张耀军、邱鸣：《"一带一路"文明之路是构建人类命运共同体的必由之路》，《人民论坛》2019 年第 28 期，第 40—41 页。

交流互鉴的真实写照和灵魂所系。[①] 丝路文化既具有丰富多样性，也具有鲜明共同性，在长达数千年的漫长人文之旅中，凝聚起和平合作、开放包容、互学互鉴、互利共赢的丝路精神，谱写了人文交流的历史篇章，成就了文明互鉴的时代佳话。丝路文化因丝路而生发，缘丝路而熔铸，已经成为全球范围内一种具有范式意义的文化存在。秉承丝路文化基因，"一带一路"倡议本身便具有多元文明开放包容、融合汇通的基因。倡议提出至今，日益发挥重要的文化引领作用，正在收获来自世界不同文明的响应，成为中华文化国际传播的重要实践平台。

《推动共建丝绸之路经济带和21世纪海上丝绸之路的愿景与行动》中提出，要"开展城市交流合作，欢迎沿线国家重要城市之间互结友好城市，以人文交流为重点，突出务实合作，形成更多鲜活的合作范例"。[②] 北京因其"四个中心"的城市功能战略定位与"一带一路"倡议的城际国际合作理念深度耦合，而使双方有了更加深入联系且进行互动的可能性。一方面，"一带一路"倡议以人文交流互通为纽带，串联起共建国家和地区多姿多彩的人类文化形态，为北京拓展城市文化外交空间带来了良好机遇，也为北京文化国际影响力提升提供了历史性契机；另一方面，北京深度嵌入国际体系、参与共建"一带一路"则有助于更好发挥其独特的城市文化资源优势，加速成为国际交往的重

---

① 张耀军、邱鸣：《"一带一路"文明之路是构建人类命运共同体的必由之路》，《人民论坛》2019年第28期，第40—41页。

② 《授权发布：推动共建丝绸之路经济带和21世纪海上丝绸之路的愿景与行动》，新华网，2015年3月28日，http://www.xinhuanet.com/world/2015-03/28/c_1114793986.htm，访问日期：2023年5月15日。

要行为体。①

在此背景下，依托共建"一带一路"国际合作平台，将北京文化国际传播置于"一带一路"国际合作倡议的时空背景之下，可以充分发挥北京所具有的独特政治地位、地理区位和人文资源优势，用北京文化丰富共建"一带一路"人文内涵，扩大共建"一带一路"文明之路影响，推动"一带一路"高质量发展。北京可加大城市文化外交力度，深入挖掘全球化时代城市外交潜能，通过构建城市外交网络，转化丰富的城市交往资源，将自身打造成为国际人文合作的重要沟通枢纽和城市外交的网络节点，增强北京城市全球竞争力，在服务国家外交的进程中展现中华魅力，更好地为实现中华文化走出去发挥北京作用。这将有助于提升北京文化国际影响力、全球认同度、亲和力和辐射性，亦有助于探索一条具有北京特色的文化走出去传播路径。

根据中国城市规划设计研究院自 2019 年发布至今的年度报告——《"一带一路"倡议下的全球城市报告》，基于政策沟通、设施联通、贸易畅通、资金融通和民心相通的"五通"视角及"一带一路"潜力城市指标体系及算法，北京自 2019 年连续三年位列全球"'一带一路'潜力城市"榜首。北京坚持城市文化外交定位，将自身打造成为"一带一路"人文交流的重要连接枢纽，开拓面向共建"一带一路"国家和地区的国际文化市场，推动北京文化进行"一带一路"国际传播，具有相当的实

---

① 王义桅、刘雪君：《"一带一路"与北京国际交往中心建设》，《前线》2019年第 2 期，第 39 页。

力和基础。

当前,共建"一带一路"国家多元文化价值观存在较为明显的差异性,"一带一路"倡议在日益得到国际社会认同的同时,也有人忧虑中国提升国际文化引领地位会否产生新的文化霸权倾向。① 实践中看,"一带一路"文明交流互鉴的宗旨并非寻求人类文明的整齐划一,而是要通过取长补短,进一步夯实本土文明根基,为人类文明宝库贡献自己独有的特色。共建"一带一路"国家因其自然地理条件、生产生活方式、民族风俗习惯、经济社会发展等因素的差异形成各具特色的本土文化,则为这种文明交流互鉴、融合创新发展提供了必要前提。北京城市丝路文化外交要坚持平等、互鉴、对话、包容的文明观,处理好坚守本土文化传统与吸收世界优秀文化的关系:既对自身文明自尊、欣赏,也对异己文明理解、宽容;既对自身文化更新转化,也对外来文化吸收消化;既拓展世界视野,以开放的胸襟面对世界文明的多样性,以包容精神吸收借鉴各国优秀文明成果,在多种文化互鉴中博采众长,又增强文化自觉,始终挺立民族文化主体性,深深植根于本民族文化,呵护好本土优秀传统文化,维护好自身文化在世界民族之林中独特的文化标识。此外,要坚持文明对话,不要文明排斥;要人文交流,不要彼此取代。以此创造"文明交流、文明互鉴、文明共存"的新型文明观。

对于中华文化而言,能够做到对自身文化拥有文化自觉,对他者文化抱有文化共情,坚持厚德载物、宽厚包容,始终是中华

---

① 彭健:《保护世界文化多样性促进"一带一路"建设》,《光明日报》2017年12月3日,第2版。

文化融入共建"一带一路"国家民众心中的必由之路。① 共建
"一带一路"文明之路，要以更加开放包容的心态拥抱其他优秀
文化，善于从共同复兴丝路文化的角度持续深入挖掘中华文化精
神内涵，以历时性的贯通古今和共时性的会通中西熔铸升华中华
文化，发掘中华文化与共建"一带一路"国家文化的共通之处，
挖掘中华文化与人类共同价值相符的元素，并以此为切入点，探
索发现国家之间、多元文化之间的共性文化和价值共识。这就要
求中华文化既要具有开放包容的大格局，更要磨炼融合创新的大
智慧；既要擦亮本土文化底色，更要融汇国际文化原色，在多元
共存中彰显中华文化内涵；既要做到入乡随俗，解决好水土不服
的问题，更要注重"一把钥匙开一把锁"，不奢望用一套文化模
板在所有共建国家都能发挥最大效用。同时，需要指出的是，中
华文化走向国际化的出发点并不是单向强行灌输，更不是单边极
限施压，而是着眼于世界文化的多元共生，推动不同文化共生共
存，进而形成新的兼容并包的世界多元文化格局。

　　对于文化安全而言，共建"一带一路"文明之路应充分考虑
跨文化交流中的文化安全问题，拒绝将文化差异上升到"文明
冲突"的企图，在理解文化主体意识诉求与文化差异的基础上，
选择能够传递人类共通情感并体现民族文化精神的传播内容和表
现形式，打通不同文明群体之间的价值壁垒，实现情感同频共
振。文化只能融合，难以整合，人文交流要进行长线布局，重在

---

　　① 范周：《以文化交流搭起民心相通之桥》，《人民日报》2017 年 7 月 11 日，
第 9 版。

顺其自然，润物无声，不能强行推动。对于源自傲慢与偏见的挑衅之举，需要淡定从容应对，同时涵养大气从容的心态，用开放包容的文化自信"以理服人"，不断增进相互了解。

对于民间人文交流而言，在丝绸之路历史上，汉代张骞"凿空"西域开辟的丝绸之路可谓"官道"，其实民间交往形成的丝绸之路此前早已存在。据《史记·大宛列传》记载，张骞到达今阿富汗、伊朗等地，看到了从印度贩运至此的邛杖和蜀布。可见，在此之前，从四川出发通过南亚诸国到达中亚的丝绸之路已经开通。这也表明，张骞通西域只是打通了官方的交通渠道，民间贸易交流渠道在此之前早已存在。张骞使西"凿空"了欧亚大陆最后一段自发交通线路，欧亚大陆东西两边早已建立起来的交通网络进而连接成一个有官方提供军事保护和后勤支撑的网络，在统一国家力量的建设和维护下，沟通欧亚大陆的丝绸之路随后正式"联网"成功。事实上，西域各国与中国的民间交往在汉代之前主要与秦人进行，其所了解的中国就是"秦"。这也是丝路沿线很多国家对"中国"的称谓都与"秦"有关的原因，如乌兹别克斯坦、土耳其、伊朗把"中国"叫"秦"（音），格鲁吉亚叫"秦那提"，意大利叫"秦那"。"一带一路"延伸之处，是人文交流聚集活跃之地。充满文化活力的民间交往和交流既是古丝绸之路兴盛的表现，也是现代"一带一路"人文交流不可或缺的组成部分，更是"一带一路"倡议生根发芽的文化根基所在。积极促进民间人文交流，将有助于"一带一路"倡议推动人类文明以更具原生力量的形式实现创造性、多样化的发展。

参考文献

一、专著

（一）中外文化

［1］梁漱溟．东西文化及其哲学［M］．北京：商务印书馆，1999.

［2］梁漱溟．中国文化要义［M］．上海：上海人民出版社，2011.

［3］梁漱溟．中国文化的命运［M］．北京：中信出版社，2013.

［4］冯友兰．中国哲学简史［M］．北京：北京大学出版社，2013.

［5］梁启超．梁启超论中国文化史［M］．北京：商务印书馆，2012.

［6］张岱年，程宜山．中国文化精神［M］．北京：北京大学出版社，2015.

［7］费孝通．乡土中国［M］．北京：人民出版社，2015.

［8］费孝通．中国文化的重建［M］．上海：华东师范大学出版社，2013.

［9］费孝通．全球化与文化自觉：费孝通晚年文选［M］．北京：外语教学与研究出版社，2013.

［10］李大钊．史学要论［M］．北京：北京出版社，2016.

［11］萨孟武．《水浒传》与中国社会［M］．北京：北京出版社，2013.

［12］钱穆．中国文化史导论［M］．北京：商务印书馆，1994.

［13］苏秉琦．满天星斗：苏秉琦论远古中国［M］．北京：中信出版社，2016.

［14］许倬云 . 万古江河：中国历史文化的转折与开展［M］. 长沙：湖南人民出版社，2017.

［15］周一良 . 中外文化交流史［M］. 郑州：河南人民出版社，1987.

［16］何兆武 . 中西文化交流史论［M］. 北京：中国青年出版社，2001.

［17］冯天瑜，何晓明，周积明 . 中华文化史［M］. 上海：上海人民出版社，2005.

［18］王岳川 . 发现东方［M］. 北京：北京图书馆出版社，2004.

［19］叶自成，龙泉霖 . 华夏主义：华夏体系 500 年的大智慧［M］. 北京：人民出版社，2013.

［20］何芳川 . 中外文化交流史［M］. 北京：国际文化出版公司，2008.

［21］张国刚 . 文明的对话：中西关系史论［M］. 北京：北京师范大学出版社，2013.

［22］关世杰 . 世界文化的东亚视角：全球化进程中的东方文明［M］. 北京：北京大学出版社，2007.

［23］张星烺 . 欧化东渐史［M］. 北京：商务印书馆，2000.

［24］张西平 . 中国与欧洲早期宗教和哲学交流史［M］. 北京：东方出版社，2001.

［25］陈佳荣，钱江，张广达 . 历代中外行纪［M］. 上海：上海辞书出版社，2008.

［26］荣新江 . 丝绸之路与东西文化交流［M］. 北京：北京大学出版社，2015.

［27］林仁川，徐晓望 . 明末清初中西文化冲突［M］. 上海：华东师范大学出版社，1999.

［28］厉以宁 . 文化经济学［M］. 北京：商务印书馆，2018.

［29］周尚意，孔翔，朱竑 . 文化地理学［M］. 北京：高等教育出版社，2004.

［30］张兴成 . 文化认同的美学与政治［M］. 北京：人民出版社，2011.

［31］郑晓云 . 文化认同与文化变迁［M］. 北京：中国社会科学出版社，1992.

［32］周宁 . 跨文化研究：以中国形象为方法［M］. 北京：商务印书馆，2011.

［33］高丙中，马强 . 世界社会的文化多样性：中国人类学的视角［M］. 北京：商务印书馆，2020.

［34］门多萨 . 中华大帝国史［M］. 何高济，译 . 北京：中华书局，2013.

［35］格鲁塞．草原帝国［M］．蓝琪，译．北京：商务印书馆，1998．

［36］史景迁．大汗之国：西方眼中的中国［M］．阮叔梅，译．桂林：广西师范大学出版社，2013．

［37］古德诺．解析中国［M］．蔡向阳，李茂增，译．北京：国际文化出版公司，1998．

［38］雷默．中国形象：外国学者眼里的中国［M］．沈晓雷，译．北京：社会科学文献出版社，2006．

［39］罗素．中国问题［M］．秦悦，译．上海：学林出版社，1996．

［40］伊萨克斯．美国的中国形象［M］．于殿利，陆日宇，译．北京：时事出版社，1999．

［41］夏瑞春．德国思想家论中国［M］．陈爱政，等译．南京：江苏人民出版社，1995．

［42］罗兹曼．中国的现代化［M］．国家社会科学基金"比较现代化"课题组，译．南京：江苏人民出版社，2010．

［43］安乐哲．和而不同［M］．温海明，等译．北京：北京大学出版社，2009．

［44］霍布森．西方文明的东方起源［M］．孙建党，译．济南：山东画报出版社，2009．

［45］萨义德．东方学［M］．王宇根，译．北京：生活·读书·新知三联书店，1999．

［46］布罗代尔．文明史纲［M］．肖昶，等译．桂林：广西师范大学出版社，2000．

［47］罗素．西方的智慧［M］．温锡增，译．北京：商务印书馆，1999．

［48］贝尔．资本主义文化矛盾［M］．赵一凡，蒲隆，任晓晋，译．北京：生活·读书·新知三联书店，1989．

［49］杜兰．世界文明史：东方的遗产［M］．北京：东方出版社，1998．

［50］麦克高希．世界文明史：观察世界的新视角［M］．董建中，王大庆，译．北京：新华出版社，2003．

［51］汤因比．历史研究［M］．曹未风，等译．上海：上海人民出版社，1986．

[52] 汤因比. 文明经受着考验 [M]. 沈辉，等译. 杭州：浙江人民出版社，1988.

[53] 阿帕杜莱. 消散的现代性：全球化的文化维度 [M]. 刘冉，译. 上海：上海三联书店，2012.

[54] 汤姆林森. 全球化与文化 [M]. 郭英剑，译. 南京：南京大学出版社，2002.

[55] 杰姆逊，三好将夫. 全球化的文化 [M]. 马丁，译. 南京：南京大学出版社，2002.

[56] 墨菲. 文化与社会人类学引论 [M]. 王卓君，译. 北京：商务印书馆，2008.

[57] 吉野耕作. 文化民族主义的社会学：现代日本自我认同意识的走向 [M]. 刘克申，译. 北京：商务印书馆，2004.

[58] 马林诺斯基. 科学的文化理论 [M]. 黄建波，等译. 北京：中央民族大学出版社，1999.

[59] 格雷. 文化研究：民族志方法与生活文化 [M]. 许梦云，译. 重庆：重庆大学出版社，2009.

[60] 怀特. 文化科学：人和文明的研究 [M]. 曹锦清，等译. 杭州：浙江人民出版社，1988.

[61] 尤林. 理解文化：从人类学和社会理论视角 [M]. 何国强，译. 北京：北京大学出版社，2005.

[62] 本尼迪克. 文化模式 [M]. 何豫章，黄欢，译. 北京：华夏出版社，1987.

[63] 钱尼. 文化转向：当代文化史概览 [M]. 戴从容，译. 南京：江苏人民出版社，2004.

[64] 伍兹. 文化变迁 [M]. 何瑞福，译. 石家庄：河北人民出版社，1989.

[65] 格尔兹. 文化的解释 [M]. 纳日碧力戈，等译. 上海：上海人民出版社，1999.

[66] 谢弗. 文化引导未来 [M]. 许春山，朱邦俊，译. 北京：社会科学文献出版社，2008.

[67] 福泽谕吉. 文明论概略 [M]. 北京编译社，译. 北京：商务印书馆，1982.

[68] 弗思. 人文类型 [M]. 费孝通，译. 北京：商务印书馆，1991.

［69］卡西尔．人论［M］．甘阳，译．上海：上海译文出版社，2013.

［70］泰勒．原始文化［M］．连树声，译．上海：上海文艺出版社，1992.

［71］吉尔兹．地方性知识：阐释人类学论文集［M］．王海龙，张家瑄，译．北京：中央编译出版社，2000.

［72］多洛．国际文化关系［M］．孙恒，译．上海：上海人民出版社，1987.

［73］费尔克拉夫．话语与社会变迁［M］．殷晓蓉，译．北京：华夏出版社，2003.

［74］萨丕尔．萨丕尔论语言、文化与人格［M］．高一虹，等译．北京：商务印书馆，2011.

［75］杜维明．东亚价值与多元现代性［M］．北京：中国社会科学出版社，2001.

［76］联合国教科文组织．世界文化报告：文化的多样性、冲突与多元共存［M］．关世杰，等译．北京：北京大学出版社，2002.

（二）北京文化

［1］侯仁之．北平历史地理［M］．邓辉，申雨平，毛怡，译．北京：外语教学与研究出版社，2013.

［2］韩光辉．北京历史人口地理［M］．北京：北京大学出版社，1996.

［3］阎崇年．北京文化史［M］．北京：北京出版社，2021.

［4］马建农．北京文化通史：多卷本［M］．北京：中国社会科学出版社，2017.

［5］刘勇．北京历史文化十五讲［M］．北京：北京大学出版社，2009.

［6］李建盛．北京文化60年：1949—2009［M］．北京：北京大学出版社，2010.

［7］王建伟．北京文化史［M］．北京：人民出版社，2014.

［8］罗哲文．北京历史文化［M］．北京：北京大学出版社，2004.

［9］曹子西．北京通史：全十卷［M］．北京：中国书店，1994.

［10］李淑兰．北京史稿［M］．北京：学苑出版社，1994.

［11］赵园．北京：城与人［M］．北京：北京大学出版社，2002.

［12］陈学霖．刘伯温与哪吒城：北京建城的传说［M］．北京：生活·读书·新知三联书店，2008.

［13］夏晓虹．晚清北京的文化空间［M］．北京：北京大学出版社，2021.

［14］董玥．民国北京城：历史与怀旧［M］．北京：生活·读书·新知三联书店，2014.

［15］季剑青．重写旧京［M］．北京：生活·读书·新知三联书店，2017.

［16］郑永华．北京宗教史［M］．北京：人民出版社，2011.

［17］欧阳哲生．古代北京与西方文明［M］．北京：北京大学出版社，2018.

［18］陈平原，王德威．北京：都市想象与文化记忆［M］．北京：北京大学出版社，2005.

［19］李兴国．北京形象：北京市城市形象识别系统（CIS）及舆论导向［M］．北京：中国国际广播出版社，2008.

［20］周小华，傅治平．重塑文化之都：北京市文化体制改革探讨［M］．北京：知识产权出版社，2010.

［21］左芙蓉．北京对外文化交流史［M］．成都：巴蜀书社，2008.

［22］左芙蓉．古近代北京对外文化关系史［M］．北京：光明日报出版社，2011.

［23］朱佩芬，裴登峰．北京文化传播策略研究［M］．北京：中国社会科学出版社，2015.

［24］金元浦．北京：走向世界城市［M］．北京：北京科学技术出版社，2010.

［25］北京市文化发展中心．文化北京：北京文化中心建设课题研究：总报告［M］．北京：新华出版社，2015.

［26］北京市文化发展中心．文化北京：握手环球文明：北京建设文化交流展示中心研究［M］．北京：新华出版社，2015.

［27］白志刚．北京文化"走出去"国际比较研究［M］．北京：知识产权出版社，2013.

［28］王建荣．北京文化遗产英译研究［M］．北京：北京交通大学出版社，2019.

［29］周阅．近代外国人与北京文化［M］．北京：学苑出版社，2021.

［30］张帆，袁永明．北京世界文化遗产保护研究［M］．北京：北京出版社，2009.

［31］刘益．北京文化安全研究报告：2015［M］．北京：中国政法大学出版社，2015.

［32］北京行政学院．青石存史："利玛窦与外国传教士墓地"的四百年沧桑［M］．北京：北京出版社，2011.

［33］高福民，花建．文化城市：基本理念与评估指标体系研究［M］．北京：商务印书馆，2012.

［34］单霁翔．从"功能城市"走向"文化城市"［M］．天津：天津大学出版社，2007.

［35］马晓．城市印迹：地域文化与城市景观［M］．上海：同济大学出版社，2011.

［36］李建盛，陈镭，王林生．首都文化与科技商务旅游融合发展研究［M］．北京：知识产权出版社，2018.

［37］刘雪涛，李岱松，张革，等．首都文化创意产业标准化［M］．北京：科学出版社，2010.

［38］彭兴业．首都城市功能研究［M］．北京：北京大学出版社，2000.

［39］赵继新，宋钰．北京文化创意产业竞争力评价及产业发展路径研究［M］．北京：经济管理出版社，2018.

［40］李小牧．首都文化贸易发展报告：2020［M］．北京：社会科学文献出版社，2020.

［41］李嘉珊．首都文化贸易发展报告：2021［M］．北京：社会科学文献出版社，2021.

［42］李嘉珊．中国国际文化贸易发展报告：2020［M］．北京：社会科学文献出版社，2020.

［43］王磊．北京对外文化传播发展研究报告：2019—2020［M］．北京：社会科学文献出版社，2021.

［44］蒋庆哲，夏文斌．北京对外开放发展报告：2021［M］．北京：社会科学文献出版社，2021.

［45］孙吉胜．北京对外交流与外事管理研究报告：2018［M］．北京：世界知识出版社，2019.

［46］贾旭东．北京蓝皮书：北京文化发展报告：2020—2021［M］．北京：社会科

学文献出版社，2021.

　　［47］张京成．创意城市蓝皮书：北京文化创意产业发展报告：2020［M］．北京：社会科学文献出版社，2020.

　　［48］北京文创园区创新发展研究团队．北京文化产业发展报告：2020［M］．北京：经济科学出版社，2021.

　　［49］范周．中国城市文化竞争力研究报告：2015［M］．北京：知识产权出版社，2015.

　　［50］喜仁龙．北京的城墙与城门［M］．邓可，译．北京：北京联合出版公司，2017.

　　［51］沙里昂．马可波罗行纪［M］．冯承钧，译．北京：商务印书馆，2012.

　　［52］白图泰．伊本·白图泰游记［M］．马金鹏，译．北京：华文出版社，2015.

　　［53］杜赫德．耶稣会士中国书简集：中国回忆录［M］．郑德弟，吕一民，沈坚，译．郑州：大象出版社，2005.

　　［54］裴化行．利玛窦神父传［M］．管震湖，译．北京：商务印书馆，1993.

　　［55］利玛窦，金尼阁．利玛窦中国札记［M］．何高济，王遵仲，李申，译．北京：中华书局，2001.

（三）跨文化传播

　　［1］关世杰．国际传播学［M］．北京：北京大学出版社，2004.

　　［2］关世杰．跨文化交流学［M］．北京：北京大学出版社，1995.

　　［3］孙英春．跨文化传播学［M］．北京：北京大学出版社，2015.

　　［4］姜飞．跨文化传播理论研究［M］．北京：人民出版社，2021.

　　［5］李岗．跨文化传播引论：语言·符号·文化［M］．成都：巴蜀书社，2011.

　　［6］张朝霞，黄昭文．文化传播学［M］．北京：中国人民大学出版社，2019.

　　［7］牛新权，丁宁．数字文化传播［M］．北京：知识产权出版社，2019.

　　［8］李琨．传播学定性研究方法：第2版［M］．北京：北京大学出版社，2016.

［9］程曼丽．国际传播学教程［M］．北京：北京大学出版社，2005.

［10］刘利群，张毓强．国际传播概论［M］．北京：中国传媒大学出版社，2011.

［11］周鸿铎．政治传播学概论［M］．北京：中国纺织出版社，2005.

［12］陈力丹，陈俊妮．传播学纲要：第2版［M］．北京：中国人民大学出版社，2013.

［13］李彬．传播学引论［M］．北京：高等教育出版社，2013.

［14］李智．文化外交：一种传播学的解读［M］．北京：北京大学出版社，2005.

［15］李智．国际传播［M］．北京：中国人民大学出版社，2013.

［16］彭新良．文化外交与中国的软实力：一种全球化的视角［M］．北京：外语教学与研究出版社，2008.

［17］胡文涛．文化外交与国家国际形象建构［M］．北京：中国社会科学出版社，2015.

［18］郭威．美国在中东伊斯兰国家的文化外交［M］．北京：社会科学文献出版社，2014.

［19］张利华．中欧文化外交及影响［M］．北京：知识产权出版社，2014.

［20］霍尔．无声的语言［M］．刘建荣，译．上海：上海人民出版社，1991.

［21］萨默瓦，波特．文化模式与传播方式：跨文化交流文集［M］．麻争旗，田刚，王之延，等译．北京：北京广播学院出版社，2003.

［22］特雷德韦尔．传播学研究：概念、方法与写作：第2版［M］．谷李，译．北京：中国传媒大学出版社，2021.

［23］施拉姆，波特．传播学概论：第2版［M］．何道宽，译．北京：中国人民大学出版社，2010.

［24］罗杰斯．传播学史：一种传记式的方法［M］．殷晓蓉，译．上海：上海译文出版社，2012.

［25］米勒．传播学理论：视角、过程与语境：第2版［M］．北京：北京大学

出版社，2007.

[26] 李特约翰．人类传播理论 [M]．史安斌，译．北京：清华大学出版社，2004.

[27] 马特拉．全球传播的起源 [M]．朱振明，译．北京：清华大学出版社，2015.

[28] 马特拉．世界传播与文化霸权：思想与战略的历史 [M]．陈卫星，译．北京：中央编译出版社，2001.

[29] 莫利，罗宾斯．认同的空间：全球媒介、电子世界景观和文化边界 [M]．司艳，译．南京：南京大学出版社，2001.

[30] 费正清．中国的世界秩序：传统中国的对外关系 [M]．杜继东，译．北京：中国社会科学出版社，2010.

[31] 孟德卫．1500—1800 中西方的伟大相遇 [M]．江文君，姚霏，译．北京：新星出版社，2007.

[32] 安田朴．中国文化西传欧洲史 [M]．耿昇，译．北京：商务印书馆，2000.

[33] 何伟亚．怀柔远人：马嘎尔尼使华的中英礼仪冲突 [M]．邓常春，译．北京：社会科学文献出版社，2002.

（四）国际关系

[1] 梁守德，洪银娴．国际政治学理论 [M]．北京：北京大学出版社，2000.

[2] 王逸舟．西方国际政治学：历史与理论：第 2 版 [M]．上海：上海人民出版社，2006.

[3] 秦亚青．权力·制度·文化：国际关系理论与方法研究文集 [M]．北京：北京大学出版社，2016.

[4] 秦亚青．文化与国际社会：建构主义国际关系理论研究 [M]．北京：世界知识出版社，2006.

[5] 阎学通，何颖．国际关系分析：第 3 版 [M]．北京：北京大学出版社，2017.

［6］李少军. 国际政治学概论：第4版［M］. 上海：上海人民出版社，2014.

［7］王缉思. 文明与国际政治：中国学者评亨廷顿的文明冲突论［M］. 上海：上海人民出版社，1995.

［8］刘禾. 世界秩序与文明等级［M］. 北京：生活·读书·新知三联书店，2016.

［9］俞新天. 国际关系中的文化：类型、作用与命运［M］. 上海：上海社会科学院出版社，2005.

［10］许纪霖，刘擎. 新天下主义［M］. 上海：上海人民出版社，2015.

［11］郭树勇. 文化国际主义：新型国际治理的逻辑［M］. 上海：上海人民出版社，2019.

［12］苏国勋，张旅平，夏光. 全球化：文化冲突与共生［M］. 北京：社会科学文献出版社，2006.

［13］张骥，刘中民. 文化与当代国际政治［M］. 北京：人民出版社，2003.

［14］赵汀阳. 天下体系：世界制度哲学导论［M］. 北京：中国人民大学出版社，2011.

［15］朱宁. 变乱中的文明：霸权终结与秩序重建［M］. 北京：中国人民大学出版社，2000.

［16］唐士其. 西方政治思想史［M］. 北京：北京大学出版社，2002.

［17］钱乘旦，杨豫，陈晓律. 世界现代化进程［M］. 南京：南京大学出版社，1997.

［18］亨廷顿. 文明的冲突与世界秩序的重建：修订版［M］. 周琪，刘绯，张立平，等译. 北京：新华出版社，2010.

［19］亨廷顿，哈里森. 文化的重要作用：价值观如何影响人类进步［M］. 程克雄，译. 2版. 北京：新华出版社，2018.

［20］亨廷顿. 我们是谁：美国国家特性面临的挑战［M］. 程克雄，译. 北京：新华出版社，2005.

［21］哈姆，斯曼戴奇. 论文化帝国主义：文化统治的政治经济学［M］. 曹新

宇，张樊英，译．北京：商务印书馆，2015.

［22］汤林森．文化帝国主义［M］．冯建三，译．上海：上海人民出版社，1999.

［23］萨义德．文化与帝国主义［M］．李琨，译．北京：生活·读书·新知三联书店，2004.

［24］卡赞斯坦．世界政治中的文明：多元多维的视角［M］．秦亚青，魏玲，刘伟华，等译．上海：上海人民出版社，2018.

［25］卡赞斯坦．英美文明与其不满者：超越东西方的文明身份［M］．魏玲，王振玲，刘伟华，译．上海：上海人民出版社，2018.

［26］奈．软实力与中美竞合［M］．全球化智库，译．北京：中信出版社，2023.

［27］哈贝马斯．全球化与政治［M］．王学东，柴方国，译．北京：中央编译出版社，2000.

［28］赫尔德，麦克格鲁，戈尔德布莱特，等．全球大变革：全球化时代的政治、经济与文化［M］．杨雪冬，周红云，陈家刚，等译．北京：社会科学文献出版社，2001.

［29］史密斯．全球化时代的民族与民族主义［M］．龚维斌，良警宇，译．北京：中央编译出版社，2002.

［30］基欧汉，奈．权力与相互依赖：转变中的世界政治［M］．门洪华，译．北京：北京大学出版社，2012.

［31］基欧汉．霸权之后：世界政治经济中的合作与纷争［M］．苏长河，信强，何曜，译．上海：上海人民出版社，2001.

［32］温特．国际政治的社会理论［M］．秦亚青，译．上海：上海人民出版社，2000.

［33］多伊奇．国际关系分析［M］．周启朋，郑启荣，李坚强，等译．北京：世界知识出版社，1992.

［34］摩根索．国家间政治：权力斗争与和平：第7版［M］．徐昕，郝望，李

保平，译．北京：北京大学出版社，2006．

[35] 华尔兹．国际政治理论 [M]．信强，译．上海：上海人民出版社，2017．

[36] 布莱克．比较现代化 [M]．杨豫，陈祖洲，译．上海：上海译文出版社，1996．

（五）城市外交

[1] 陈志敏．次国家政府与对外事务 [M]．北京：长征出版社，2001．

[2] 高尚涛．国际关系中的城市行为体 [M]．北京：世界知识出版社，2010．

[3] 韩方明．城市外交：中国实践与外国经验 [M]．北京：新华出版社，2014．

[4] 赵可金．非传统外交导论 [M]．北京：北京大学出版社，2015．

[5] 张鹏．中国对外关系展开中的地方参与研究 [M]．上海：上海人民出版社，2015．

[6] 李小林．城市外交理论与实践 [M]．北京：社会科学文献出版社，2016．

[7] 科特金．全球城市史：修订版 [M]．王旭，等译．北京：社会科学文献出版社，2010．

[8] 芒福德．城市发展史：起源、演变与前景 [M]．宋俊岭，宋一然，译．上海：上海三联书店，2018．

[9] 芒福德．城市文化 [M]．宋俊岭，李翔宁，周鸣浩，译．北京：中国建筑工业出版社，2009．

[10] 林奇．城市意象 [M]．方益萍，何晓军，译．北京：华夏出版社，2001．

二、期刊

（一）中外文化

[1] 刘永涛．文化与外交：战后美国文化战略透视 [J]．复旦学报（社会科学版），2001（3）：62—67．

[2] 任建涛．地方性知识及其全球性扩展：文化对话中的强势弱势关系与平等问题 [J]．厦门大学学报（哲学社会科学版），2003（2）：40—47．

［3］乐黛云．文化自觉与文明共存［J］．社会科学，2003（7）：116—123.

［4］单世联．全球化时代的文化多样性［J］．天津社会科学，2005（2）：24—31.

［5］张清敏．全球化环境下的中国文化外交［J］．外交评论，2006（1）：36—43.

［6］韦红．东盟社会：文化共同体的建设及其对中国的意义［J］．当代亚太，2006（5）：52—57.

［7］郭灵凤．欧盟文化政策与文化治理［J］．欧洲研究，2007（2）：64—76.

［8］胡文涛．解读文化外交：一种学理分析［J］．外交评论，2007（3）：50—58.

［9］霍尔，李庆本．多元文化问题的三个层面与内在张力［J］．江西社会科学，2007（3）：235—242.

［10］周宁．跨文化形象学：当下中国文化自觉的三组问题［J］．厦门大学学报（哲学社会科学版），2008（6）：5—11.

［11］王晓德．"文化帝国主义"命题源流考［J］．学海，2009（2）：28—37.

［12］唐小兵．文化大国的价值焦虑［J］．南风窗，2009（26）：92—93.

［13］杜维明．文化多元、文化间对话与和谐：一种儒家视角［J］．中外法学，2010（3）：326—341.

［14］胡文涛，招春袖．英国文化外交：提升国家软实力的成功之路［J］．太平洋学报，2010（9）：29—37.

［15］汪宁．重回后苏联空间：俄罗斯文化战略评析［J］．俄罗斯中亚东欧研究，2012（3）：68—75.

［16］范勇鹏．论文化外交［J］．国际安全研究，2013（3）：21—38.

［17］范勇鹏．文化外交的层次及效用［J］．公共外交季刊，2013（4）：51—56.

［18］李建军．中华文化走出去新视角［J］．新疆师范大学学报（哲学社会科学版），2015（4）：85—91.

［19］沐鸿．东盟社会文化共同体：现状与前景［J］．东南亚纵横，2015（8）：55—61.

［20］席岫峰．关于文化超越问题的思考［J］．长白学刊，2016（2）：125—132.

［21］马丽蓉．丝路学研究：基于人文外交的中国话语阐释［J］．新疆师范大学学报

（哲学社会科学版），2016（2）：9—19.

[22] 孙吉胜. 国家外语能力建设与"一带一路"的民心相通 [J]. 公共外交季刊，2016（3）：53—59.

[23] 王岳川. 世界视阈下的中国文化自信 [J]. 前线，2017（2）：36—39.

[24] 谢伦灿，杨勇."一带一路"背景下中国文化走出去对策研究 [J]. 现代传播，2017（12）：110—114.

[25] 常江，田浩，洪美恩. 文化研究是超越国族的世界主义：不确定时代的身份迷思 [J]. 新闻界，2018（3）：4—9.

[26] 金惠敏. 文化民族主义不是文化自信：重访季羡林的"河东河西论"与汤因比的世界主义 [J]. 人文杂志，2018（3）：51—64.

[27] 孙宜学. 中外文化共生：问题与对策 [J]. 对外传播，2018（7）：53—55.

[28] 郭树勇. 文化国际主义：中国文化通达世界文明的政治社会学分析 [J]. 教学与研究，2019（1）：51—59.

[29] 欧阳康，杨孝明. 萨义德"东方主义"与当代中国文化建设：关于东西方文化定位与未来走向的对话 [J]. 文化软实力，2019（1）：18—24.

[30] 张安冬. 交往理论视阈下文化自信与中国国际话语权提升 [J]. 天津市社会主义学院学报，2019（2）：55—59.

[31] 俞沂暄. 人文交流与新时代中国对外关系发展：兼与文化外交的比较分析 [J]. 外交评论，2019（5）：34—53.

[32] 丰子义. 中国文化如何走向世界 [J]. 前线，2019（6）：34—37.

[33] 张耀军. 对新时代中华文化走出去的几点浅见：兼论中华文化"一带一路"国际传播的可及性 [J]. 江淮论坛，2020（1）：141—145.

[34] 杨悦. 新中国文化外交 70 年：传承与创新 [J]. 国际论坛，2020（1）：72—83.

[35] 高书生. 文化体系论 [J]. 艺术管理，2020（2）：5—14.

[36] 汪信砚. 中国文化走出去：意涵、目的和路径 [J]. 江淮论坛，2020（3）：5—11.

[37] 罗立彬．网络与数字空间驱动下文化市场增量与中国文化影响力提升 [J]．学术论坛，2021（1）：115—124.

[38] 高飞，彭昕．文化外交的学理阐释 [J]．武汉科技大学学报（社会科学版），2021（3）：267—275.

[39] 杨悦．文化外交的学理分析与实践路径："文明对话论"的视角 [J]．兰州大学学报（社会科学版），2021（5）：74—82.

[40] 张耀军，焦思盈．风险社会视域下"一带一路"人文交流风险特征识别与管控路径探析 [J]．国外社会科学，2022（5）：151—162.

（二）北京文化

[1] 张立文．谈谈北京文化的特点 [J]．北京社会科学，1986（3）：160—161.

[2] 阎崇年．北京历史上的对外文化交流 [J]．学习与研究，1988（4）：59—60.

[3] 阎崇年．北京文化遗产与现代都市建设 [J]．北京社会科学，1990（3）：45—53.

[4] 顾军．北京文化特征小议 [J]．北京联合大学学报，2001（1）：81—83.

[5] 刘勇．从历史深处走向现实与未来：对北京文化独有魅力及发展态势的思考 [J]．北京师范大学学报（社会科学版），2004（1）：99—106.

[6] 阎崇年．北京文化的历史特点 [J]．北京师范大学学报（社会科学版），2004（5）：96—99.

[7] 李春雨．北京文化的异域审视：针对在京留学生群体的考察 [J]．北京师范大学学报（社会科学版），2006（6）：122—126.

[8] 李春雨，陈婕．北京文化与汉语国际推广 [J]．北京师范大学学报（社会科学版），2007（6）：112—118.

[9] 沈望舒．从"首善"到"人文"的心路趋向：浅述构建首都文化特质的着眼点 [J]．北京联合大学学报（人文社会科学版），2009（4）：17—20.

[10] 王一川．北京文化符号与世界城市软实力建设 [J]．北京社会科学，2011（2）：4—9.

[11] 阎崇年．知行北京精神 [J]．北京观察，2012（1）：8—10.

［12］李建平．北京文化的特点：兼论北京文化与北京学［J］．北京联合大学学报（人文社会科学版），2013（1）：54—58.

［13］刘敏．首都国际语言环境建设的实践与思考：以世界城市建设为视角［J］．北京行政学院学报，2013（2）：97—101.

［14］向勇，陈娴颖．基于新都市主义的北京文化立市战略内涵探析［J］．北京联合大学学报（人文社会科学版），2014（3）：47—51.

［15］陈少峰．打造推动北京文化走出去的强大引擎［J］．前线，2014（5）：91—93.

［16］吕小蓬．跨文化视野下的北京文化国际推广：在京留学生的北京文化认同调查［J］．中华文化论坛，2015（3）：11—18.

［17］曾祥明．北京文化外交探析［J］．哈尔滨市委党校学报，2015（5）：6—10.

［18］李嘉珊．北京文化"走出去"的理论探索与实践创新［J］．人民论坛，2016（12）：90—91.

［19］陈金星．林语堂与西方"北京形象"话语的互动［J］．武汉科技大学学报（社会科学版），2016（5）：576—580.

［20］周尚意，成志芬，夏侯明健．记忆空间表达及其传承研究：以北京西四北头条至八条历史文化保护区为例［J］．现代城市研究，2016（8）：11—16.

［21］喻国明，胡杨涓．外媒话语构造中北京形象的传播常模：上［J］．对外传播，2016（10）：48—51.

［22］喻国明，胡杨涓．外媒话语构造中北京形象的传播常模：下［J］．对外传播，2016（11）：43—44.

［23］任超．首都文化研究的基本视角、概念、内涵与功能：基于相关文献的综述［J］．前沿，2016（12）：93—99.

［24］王林生，金元浦．"一带一路"、京津冀一体化与文化创新发展：2016—2017年人文北京研究综述［J］．城市学刊，2017（5）：30—39.

［25］狄涛．关于首都文化的哲学思考［J］．前线，2018（1）：82—84.

［26］马一德．增强首都文化软实力［J］．北京观察，2018（1）：37.

［27］王林生，金元浦．文化自信、文化协同与文化创新发展：2017 年文化北京研究综述［J］．北京联合大学学报（人文社会科学版），2018（1）：31—37.

［28］郭万超，孟晓雪．首都文化的定位、内涵和内在逻辑［J］．前线，2018（2）：77—79.

［29］徐剑，董晓伟，袁文瑜．德国媒体中的北京形象：基于《明镜》周刊 2000—2015 年涉京报道的批判性话语分析［J］．西安外国语大学学报，2018（2）：57—61.

［30］刘波．国际交往中心与"一带一路"倡议协同发展的战略措施［J］．前线，2018（3）：79—81.

［31］郭万超，王丽．北京加强"一带一路"对外文化传播路径研究［J］．科技智囊，2018（4）：58—68.

［32］王丽，王诚庆，孙梦阳．文化距离对北京入境游客时空行为的影响研究［J］．人文地理，2018（4）：137—145.

［33］宋小飞．北京建设全国文化中心的建议：基于京津冀一体化及"一带一路"的双重视角［J］．学理论，2018（4）：1—3.

［34］宫玉选．提升文化企业国际影响力　推动北京成为一流国际文化中心［J］．前线，2018（6）：82—84.

［35］张国．"一带一路"倡议下北京市对外文化交流的成效提升研究［J］．南方论坛，2018（8）：73—76.

［36］田蕾．"一带一路"背景下首都文化"走出去"的路径选择［J］．市场论坛，2018（10）：68—72.

［37］王义桅，刘雪君．"一带一路"与北京国际交往中心建设［J］．前线，2019（2）：39—42.

［38］曾祥明，曹海月．新时期北京对外文化交流的制约因素及其化解之策探析［J］．中共济南市委党校学报，2019（3）：69—74.

［39］王漪．"一带一路"的北京新篇章［J］．投资北京，2019（5）：14—21.

［40］吴奇志．北京形象国际传播的媒体表达：以部分中外主流媒体历史文化遗产报道为例［J］．中国记者，2019（7）：116—119.

［41］陈昱霖，刘雁琪，刘俊清．文化规划视角下北京世界文化遗产保护管理研究 ［J］．自然与文化遗产研究，2019（8）：6—10.

［42］于丹．全国文化中心核心指标体系建构研究［J］．前线，2019（8）：61—63.

［43］于丹．首都文化治理与全国文化中心建设［J］．前线，2020（5）：62—65.

［44］宋凯．北京文化形象的媒体呈现：基于大数据和社会网络分析方法［J］．现代传播，2020（10）：18—24.

［45］李小牧．服务业扩大开放助推首都国际交往中心建设［J］．北京观察.2020（11）：22—23.

［46］周凡煜，胡哲豪．北京企业对"一带一路"沿线国家和地区 OFDI 研究［J］．对外经贸，2021（1）：66—69.

［47］孙乾坤，董博怀．北京文化影响力综合发展水平评价及提升策略［J］．城市问题，2021（12）：14—22.

（三）城市外交

［1］熊炜，王婕．城市外交：理论争辩与实践特点［J］．公共外交季刊，2013（13）：14—19.

［2］赵可金，陈维．城市外交：探寻全球都市的外交角色［J］．外交评论，2013（6）：61—77.

［3］赵可金．嵌入式外交：对中国城市外交的一种理论解释［J］．世界经济与政治，2014（11）：135—154.

［4］赵启正，赵可金，熊炜，等．中国城市外交的实践［J］．公共外交季刊，2014（3）：78—84.

［5］陈维．中国城市外交：理念、制度与实践［J］．公共外交季刊，2017（2）：126—132.

［6］刘波．全球化时代城市外交的地方经验：以北京为例［J］．西部学刊，2017（4）：21—26.

［7］陈楠．全球化时代的城市外交：动力机制与路径选择［J］．国际观察，2017（5）：87—100.

［8］陈楠．城市外交与中国特色大国外交：思想契合、战略对接与机制创新［J］.国际展望，2018（1）：70—85.

［9］储斌，杨建英．"一带一路"视域下城市外交的动力、功能与机制［J］．青海社会科学，2018（3）：47—53.

［10］汪锴，赵鸿燕．城市公共外交的功能性路径分析：北京案例［J］．区域与全球发展，2018（4）：55—72.

［11］俞凤．城市外交的机制建设研究：以悉尼的友好城市外交为例［J］．对外传播，2019（11）：76—78.